AF347138

NOTRE-DAME

DE PARIS.

IMPRIMERIE DE TERZUOLO, SUCCESSEUR DE M. PLASSAN
Rue de Vaugirard, n° 11.

NOTRE-DAME

DE PARIS.

PAR VICTOR HUGO.

III

PARIS.

EUGÈNE RENDUEL,
Rue des Grands-Augustins, 22.

1836

NOTRE-DAME

DE PARIS.

LIVRE NEUVIÈME.

1

FIÉVRE.

———

Claude Frollo n'était plus dans Notre-Dame,
pendant que son fils adoptif tranchait si brusquement le nœud fatal où le malheureux archidiacre
avait pris l'égyptienne et s'était pris lui-même.
Rentré dans la sacristie, il avait arraché l'aube,
la chape et l'étole, avait tout jeté aux mains du

bedeau stupéfait, s'était échappé par la porte dé-
robée du cloître, avait ordonné à un batelier du
Terrain de le transporter sur la rive gauche de
la Seine, et s'était enfoncé dans les rues mon-
tueuses de l'Université, ne sachant où il allait,
rencontrant à chaque pas des bandes d'hommes
et de femmes qui se pressaient joyeusement vers
le pont Saint-Michel dans l'espoir *d'arriver encore à temps* pour voir pendre la sorcière, pâle,
égaré, plus troublé, plus aveugle et plus farouche
qu'un oiseau de nuit lâché et poursuivi par une
troupe d'enfants en plein jour. Il ne savait plus
où il était, ce qu'il pensait, s'il rêvait. Il allait,
il marchait, il courait, prenant toute rue au hasard, ne choisissant pas, seulement toujours
poussé en avant par la Grève, par l'horrible Grève
qu'il sentait confusément derrière lui.

Il longea ainsi la montagne Sainte-Geneviève,
et sortit enfin de la ville par la porte Saint-Victor.
Il continua de s'enfuir, tant qu'il put voir en se
retournant l'enceinte de tours de l'Université et
les rares maisons du faubourg; mais lorsque enfin un pli du terrain lui eut dérobé en entier cet

odieux Paris, quand il put s'en croire à cent lieues, dans les champs, dans un désert, il s'arrêta, et il lui sembla qu'il respirait.

Alors des idées affreuses se pressèrent dans son esprit. Il revit clair dans son âme, et frissonna. Il songea à cette malheureuse fille qui l'avait perdu et qu'il avait perdue. Il promena un œil hagard sur la double voie tortueuse que la fatalité avait fait suivre à leurs deux destinées, jusqu'au point d'intersection où elle les avait impitoyablement brisées l'une contre l'autre. Il pensa à la folie des vœux éternels, à la vanité de la chasteté, de la science, de la religion, de la vertu, à l'inutilité de Dieu. Il s'enfonça à cœur-joie dans les mauvaises pensées, et à mesure qu'il y plongeait plus avant, il sentait éclater en lui-même un rire de Satan.

Et en creusant ainsi son âme, quand il vit quelle large place la nature y avait préparée aux passions, il ricana plus amèrement encore. Il remua au fond de son cœur toute sa haine, toute sa méchanceté; et il reconnut, avec le froid coup d'œil d'un médecin qui examine un malade, que

cette haine, que cette méchanceté n'étaient que
de l'amour vicié; que l'amour, cette source de
toute vertu chez l'homme, tournait en choses
horribles dans un cœur de prêtre, et qu'un homme
constitué comme lui, en se faisant prêtre, se faisait démon. Alors il rit affreusement, et tout-à-
coup il redevint pâle, en considérant le côté le
plus sinistre de sa fatale passion, de cet amour
corrosif, venimeux, haineux, implacable, qui
n'avait abouti qu'au gibet pour l'une, à l'enfer
pour l'autre : elle condamnée, lui damné.

Et puis le rire lui revint, en songeant que
Phœbus était vivant; qu'après tout le capitaine
vivait, était alègre et content, avait de plus
beaux hoquetons que jamais, et une nouvelle
maîtresse qu'il menait voir pendre l'ancienne.
Son ricanement redoubla quand il réfléchit que,
des êtres vivants dont il avait voulu la mort, l'é-
gyptienne, la seule créature qu'il ne haït pas,
était la seule qu'il n'eût pas manquée.

Alors du capitaine sa pensée passa au peuple,
et il lui vint une jalousie d'une espèce inouie. Il
songea que le peuple aussi, le peuple tout en-

tier, avait eu sous les yeux la femme qu'il aimait, en chemise, presque nue. Il se tordit les bras en pensant que cette femme, dont la forme entrevue dans l'ombre par lui seul lui eût été le bonheur suprême, avait été livrée en plein jour, en plein midi, à tout un peuple, vêtue comme pour une nuit de volupté. Il pleura de rage sur tous ces mystères d'amour profanés, souillés, dénudés, flétris à jamais. Il pleura de rage en se figurant combien de regards immondes avaient trouvé leur compte à cette chemise mal nouée; et que cette belle fille, ce lis vierge, cette coupe de pudeur et de délices dont il n'eût osé approcher ses lèvres qu'en tremblant, venait d'être transformée en une sorte de gamelle publique, où la plus vile populace de Paris, les voleurs, les mendiants, les laquais, étaient venus boire en commun un plaisir effronté, impur et dépravé.

Et quand il cherchait à se faire une idée du bonheur qu'il eût pu trouver sur la terre si elle n'eût pas été bohémienne et s'il n'eût pas été prêtre, si Phœbus n'eût pas existé et si elle l'eût aimé; quand il se figurait qu'une vie de sérénité

et d'amour lui eût été possible aussi à lui, qu'il
y avait en ce même moment çà et là sur la terre
des couples heureux, perdus en longues causeries
sous les orangers, au bord des ruisseaux, en présence d'un soleil couchant, d'une nuit étoilée; et
que si Dieu l'eût voulu, il eût pu faire avec elle
un de ces couples de bénédictions, son cœur se
fondait en tendresse et en désespoir.

Oh! elle! c'est elle! C'est cette idée fixe qui
revenait sans cesse, qui le torturait, qui lui mordait la cervelle et lui déchiquetait les entrailles.
Il ne regrettait pas, il ne se repentait pas; tout ce
qu'il avait fait, il était prêt à le faire encore; il aimait mieux la voir aux mains du bourreau qu'aux
bras du capitaine. Mais il souffrait; il souffrait
tant que par instants il s'arrachait des poignées
de cheveux, pour voir s'ils ne blanchissaient pas.

Il y eut un moment entre autres où il lui vint
à l'esprit que c'était là peut-être la minute où la
hideuse chaîne qu'il avait vue le matin resserrait
son nœud de fer autour de ce cou si frêle et si
gracieux. Cette pensée lui fit jaillir la sueur de
tous les pores.

Il y eut un autre moment où, tout en riant diaboliquement sur lui-même, il se représenta à la fois la Esmeralda comme il l'avait vue le premier jour, vive, insouciante, joyeuse, parée, dansante, ailée, harmonieuse, et la Esmeralda du dernier jour, en chemise, la corde au cou, montant lentement, avec ses pieds nus, l'échelle anguleuse du gibet; il se figura ce double tableau d'une telle façon qu'il poussa un cri terrible.

Tandis que cet ouragan de désespoir bouleversait, brisait, arrachait, courbait, déracinait tout dans son âme, il regarda la nature autour de lui. A ses pieds, quelques poules fouillaient les broussailles en becquetant, les scarabées d'émail couraient au soleil; au-dessus de sa tête quelques groupes de nuées gris-pommelé fuyaient dans un ciel bleu; à l'horizon, la flèche de l'abbaye Saint-Victor perçait la courbe du coteau de son obélisque d'ardoise; et le meunier de la butte Copeaux regardait en sifflant tourner les ailes travailleuses de son moulin. Toute cette vie active, organisée, tranquille, reproduite autour de lui sous mille formes, lui fit mal. Il recommença à fuir.

Il courut ainsi à travers champs jusqu'au soir. Cette fuite de la nature, de la vie, de lui-même, de l'homme, de Dieu, de tout, dura tout le jour. Quelquefois il se jetait la face contre terre, et il arrachait avec ses ongles les jeunes blés. Quelquefois il s'arrêtait dans une rue de village déserte; et ses pensées étaient si insupportables qu'il prenait sa tête à deux mains et tâchait de l'arracher de ses épaules pour la briser sur le pavé.

Vers l'heure où le soleil déclinait, il s'examina de nouveau, et il se trouva presque fou. La tempête qui durait en lui depuis l'instant où il avait perdu l'espoir et la volonté de sauver l'égyptienne, cette tempête n'avait pas laissé dans sa conscience une seule idée saine, une seule pensée debout. Sa raison y gisait, à peu près entièrement détruite. Il n'avait plus que deux images distinctes dans l'esprit, la Esmeralda et la potence : tout le reste était noir. Ces deux images rapprochées lui présentaient un groupe effroyable; et plus il y fixait ce qui lui restait d'attention et de pensée, plus il les voyait croître, selon une progression fantastique, l'une en grâce, en charme, en beauté, en lumière, l'autre en horreur; de sorte qu'à la fin la Esmeralda lui apparaissait comme une étoile, le gibet comme un énorme bras décharné.

Une chose remarquable, c'est que pendant toute cette torture il ne lui vint pas l'idée sérieuse de mourir. Le misérable était ainsi fait. Il tenait à la vie. Peut-être voyait-il réellement l'enfer derrière.

Cependant le jour continuait de baisser. L'être vivant qui existait encore en lui songea confusément au retour. Il se croyait loin de Paris; mais, en s'orientant, il s'aperçut qu'il n'avait fait que tourner l'enceinte de l'Université. La flèche de Saint-Sulpice et les trois hautes aiguilles de Saint-Germain-des-Prés dépassaient l'horizon à sa droite. Il se dirigea de ce côté. Quand il entendit le qui-vive des hommes-d'armes de l'abbé autour de la circonvallation crénelée de Saint-Germain, il se détourna, prit un sentier qui s'offrit à lui entre le moulin de l'Abbaye et la Maladerie du bourg, et au bout de quelques instants se

trouva sur la lisière du Pré-aux-Clercs. Ce pré
était célèbre par les tumultes qui s'y faisaient
nuit et jour ; c'était l'*hydre* des pauvres moines
de Saint-Germain : *Quod monachis Sancti-Germani pratensis hydra fuit, clericis nova semper dissidiorum capita suscitantibus.* L'archidiacre
craignit d'y rencontrer quelqu'un ; il avait peur
de tout visage humain ; il venait d'éviter l'Université, le bourg Saint-Germain ; il voulait ne
rentrer dans les rues que le plus tard possible.
Il longea le Pré-aux-Clercs, prit le sentier désert qui le séparait du Dieu-Neuf, et arriva enfin
au bord de l'eau. Là, dom Claude trouva un
batelier qui, pour quelques deniers parisis, lui
fit remonter la Seine jusqu'à la pointe de la Cité,
et le déposa sur cette langue de terre abandonnée
où le lecteur a déjà vu rêver Gringoire, et qui
se prolongeait au-delà des jardins du roi, parallèlement à l'île du Passeur-aux-Vaches.

Le bercement monotone du bateau et le bruissement de l'eau avaient en quelque sorte engourdi le malheureux Claude. Quand le batelier
se fut éloigné, il resta stupidement debout sur la

grève, regardant devant lui et ne percevant plus
les objets qu'à travers des oscillations gros-
sissantes qui lui faisaient de tout une sorte de
fantasmagorie. Il n'est pas rare que la fatigue
d'une grande douleur produise cet effet sur l'esprit.

Le soleil était couché derrière la haute tour
de Nesle. C'était l'instant du crépuscule. Le ciel
était blanc, l'eau de la rivière était blanche. Entre ces deux blancheurs, la rive gauche de la
Seine, sur laquelle il avait les yeux fixés, proje-
tait sa masse sombre, et, de plus en plus amin-
cie par la perspective, s'enfonçait dans les brumes
de l'horizon comme une flèche noire. Elle était
chargée de maisons, dont on ne distinguait que la
silhouette obscure, vivement relevée en ténèbres
sur le fond clair du ciel et de l'eau. Çà et là des
fenêtres commençaient à y scintiller comme des
trous de braise. Cet immense obélisque noir
ainsi isolé entre les deux nappes blanches du ciel
et de la rivière, fort large en cet endroit, fit à
dom Claude un effet singulier, comparable à ce
qu'éprouverait un homme qui, couché à terre

sur le dos au pied du clocher de Strasbourg, re-
garderait l'énorme aiguille s'enfoncer au-dessus
de sa tête dans les pénombres du crépuscule.
Seulement ici c'était Claude qui était debout et
l'obélisque qui était couché; mais comme la rivière, en réflétant le ciel, prolongeait l'abîme au-
dessous de lui, l'immense promontoire semblait
aussi hardiment élancé dans le vide que toute
flèche de cathédrale; et l'impression était la
même. Cette impression avait même cela d'é-
trange et de plus profond, que c'était bien le
clocher de Strasbourg, mais le clocher de Strasbourg haut de deux lieues; quelque chose d'i-
noui, de gigantesque, d'incommensurable; un
édifice comme nul œil humain n'en a vu; une
tour de Babel. Les cheminées des maisons, les
créneaux des murailles, les pignons taillés des
toits, la flèche des Augustins, la tour de Nesle,
toutes ces saillies qui ébréchaient le profil du co-
lossal obélisque, ajoutaient à l'illusion en jouant
bizarrement à l'œil les découpures d'une sculpture
touffue et fantastique. Claude, dans l'état de hal-
lucination où il se trouvait, crut voir, voir de ses

yeux vivants, le clocher de l'enfer; les mille lumières répandues sur toute la hauteur de l'épouvantable tour lui parurent autant de porches de
l'immense fournaise intérieure ; les voix et les
rumeurs qui s'en échappaient, autant de cris,
autant de râles. Alors il eut peur, il mit ses
mains sur ses oreilles pour ne plus entendre ,
tourna le dos pour ne plus voir, et s'éloigna à
grands pas de l'effroyable vision.

Mais la vision était en lui.

Quand il rentra dans les rues, les passants,
qui se coudoyaient aux lueurs des devantures de
boutiques , lui faisaient l'effet d'une éternelle
allée et venue de spectres autour de lui. Il avait
des fracas étranges dans l'oreille; des fantaisies
extraordinaires lui troublaient l'esprit. Il ne
voyait ni les maisons, ni le pavé, ni les chariots,
ni les hommes et les femmes; mais un chaos d'objets indéterminés qui se fondaient par les bords
les uns dans les autres. Au coin de la rue de la
Barillerie , il y avait une boutique d'épicerie ,
dont l'auvent était, selon l'usage immémorial,
garni dans son pourtour de ces cerceaux de fer-

blanc auxquels pend un cercle de chandelles de bois, qui s'entrechoquent au vent en claquant comme des castagnettes. Il crut entendre s'entreheurter dans l'ombre le trousseau de squelettes de Montfaucon.

— Oh! murmura-t-il, le vent de la nuit les chasse les uns contre les autres, et mêle le bruit de leurs chaînes au bruit de leurs os! Elle est peut-être là, parmi eux!

Éperdu, il ne sut où il allait. Au bout de quelques pas, il se trouva sur le pont Saint-Michel. Il y avait une lumière à une fenêtre d'un rez-de-chaussée : il s'approcha. A travers un vitrage fêlé, il vit une salle sordide, qui réveilla un souvenir confus dans son esprit. Dans cette salle, mal éclairée d'une lampe maigre, il y avait un jeune homme blond et frais, à figure joyeuse, qui embrassait, avec de grands éclats de rire, une jeune fille fort effrontément parée; et, près de la lampe, il y avait une vieille femme qui filait et qui chantait d'une voix chevrotante. Comme le jeune homme ne riait pas toujours, la chanson de la vieille arrivait par lambeaux jusqu'au prêtre;

c'était quelque chose d'inintelligible et d'affreux.

> Grève, aboye, Grève, grouille !
> File, file, ma quenouille,
> File sa corde au bourreau
> Qui siffle dans le préau.
> Grève, aboye, Grève, grouille !

> La belle corde de chanvre !
> Semez d'Issy jusqu'à Vanvre
> Du chanvre et non pas de blé.
> Le voleur n'a pas volé
> La belle corde de chanvre.

> Grève, grouille, Grève, aboye !
> Pour voir la fille de joie
> Pendre au gibet chassieux,
> Les fenêtres sont des yeux.
> Grève, grouille, Grève, aboye !

Là-dessus le jeune homme riait et caressait la fille. La vieille, c'était la Falourdel; la fille, c'était une fille publique; le jeune homme, c'était son frère Jehan.

Il continua de regarder. Autant ce spectacle qu'un autre.

Il vit Jehan aller à une fenêtre qui était au fond de la salle, l'ouvrir, jeter un coup d'œil sur le quai, où brillaient au loin mille croisées éclairées, et il l'entendit dire en refermant la fenêtre :

— Sur mon âme ! voilà qu'il se fait nuit. Les bourgeois allument leurs chandelles et le bon Dieu ses étoiles.

Puis, Jehan revint vers la ribaude, et cassa une bouteille qui était sur une table, en s'écriant :

— Déjà vide, corbœuf ! et je n'ai plus d'argent ! Isabeau, ma mie, je ne serai content de Jupiter que lorsqu'il aura changé vos deux tétins blancs en deux noires bouteilles, où je téterai du vin de Beaune jour et nuit.

Cette belle plaisanterie fit rire la fille de joie, et Jehan sortit.

Dom Claude n'eut que le temps de se jeter à terre pour ne pas être rencontré, regardé en face et reconnu par son frère. Heureusement la rue était sombre, et l'écolier était ivre. Il avisa cependant l'archidiacre couché sur le pavé dans la boue. — Oh ! oh ! dit-il ; en voilà un qui a mené joyeuse vie aujourd'hui.

Il remua du pied dom Claude, qui retenait son souffle.

— Ivre-mort, reprit Jehan. Allons, il est plein. Une vraie sangsue détachée d'un tonneau. Il est chauve, ajouta-t-il en se baissant; c'est un vieillard ! *Fortunate senex !*

Puis, dom Claude l'entendit s'éloigner, en disant : — C'est égal : la raison est une belle chose, et mon frère l'archidiacre est bien heureux d'être sage et d'avoir de l'argent.

L'archidiacre alors se releva, et courut, tout d'une haleine, vers Notre-Dame, dont il voyait les tours énormes surgir dans l'ombre au-dessus des maisons.

A l'instant où il arriva tout haletant sur la place du Parvis, il recula, et n'osa lever les yeux sur le funeste édifice. — Oh ! dit-il à voix basse, est-il donc bien vrai qu'une telle chose se soit passée ici, aujourd'hui, ce matin même ?

Cependant il se hasarda à regarder l'église. La façade était sombre; le ciel derrière étincelait d'étoiles. Le croissant de la lune, qui venait de s'envoler de l'horizon, était arrêté en ce moment

au sommet de la tour de droite, et semblait s'ê-
tre perché, comme un oiseau lumineux, au bord
de la balustrade découpée en trèfles noirs.

La porte du cloître était fermée ; mais l'archidiacre avait toujours sur lui la clef de la tour où
était son laboratoire. Il s'en servit pour pénétrer
dans l'église.

Il trouva dans l'église une obscurité et un silence de caverne. Aux grandes ombres qui tombaient de toutes parts à larges pans, il reconnut
que les tentures de la cérémonie du matin n'a-
vaient pas encore été enlevées. La grande croix
d'argent scintillait au fond des ténèbres, saupou-
drée de quelques points étincelants, comme la
voie lactée de cette nuit de sépulcre. Les longues
fenêtres du chœur montraient au-dessus de la
draperie noire l'extrémité supérieure de leurs
ogives, dont les vitraux, traversés d'un rayon de
lune, n'avaient plus que les couleurs douteuses
de la nuit, une espèce de violet, de blanc et de
bleu, dont on ne retrouve la teinte que sur la
face des morts. L'archidiacre, en apercevant tout
autour du chœur ces blêmes pointes d'ogives,

crut voir des mitres d'évêques damnés. Il ferma les yeux, et quand il les rouvrit, il crut que c'était un cercle de visages pâles qui le regardaient.

Il se mit à fuir à travers l'église. Alors il lui sembla que l'église aussi s'ébranlait, remuait, s'animait, vivait; que chaque grosse colonne devenait une patte énorme qui battait le sol de sa large spatule de pierre, et que la gigantesque cathédrale n'était plus qu'une sorte d'éléphant prodigieux, qui soufflait et marchait avec ses piliers pour pieds, ses deux tours pour trompes et l'immense drap noir pour caparaçon.

Ainsi, la fièvre ou la folie était arrivée à un tel degré d'intensité que le monde extérieur n'était plus pour l'infortuné qu'une sorte d'Apocalypse, visible, palpable, effrayante.

Il fut un moment soulagé. En s'enfonçant sous les bas-côtés, il aperçut, derrière un massif de piliers, une lueur rougeâtre. Il y courut comme à une étoile. C'était la pauvre lampe qui éclairait jour et nuit le bréviaire public de Notre-Dame, sous son treillis de fer. Il se jeta avidement sur le saint livre, dans l'espoir d'y trouver quelque con-

solation ou quelque encouragement. Le livre était
ouvert à ce passage de Job, sur lequel son œil
fixe se promena : — « Et un esprit passa devant
» ma face, et j'entendis un petit souffle, et le poil
» de ma chair se hérissa. »

A cette lecture lugubre, il éprouva ce qu'é-
prouve l'aveugle qui se sent piquer par le bâton
qu'il a ramassé. Ses genoux se dérobèrent sous
lui, et il s'affaissa sur le pavé, songeant à celle qui
était morte dans le jour. Il sentait passer et se
dégorger dans son cerveau tant de fumées mon-
strueuses qu'il lui semblait que sa tête était devenue une des cheminées de l'enfer.

Il paraît qu'il resta long-temps dans cette attitude, ne pensant plus, abîmé et passif sous la
main du démon. Enfin, quelque force lui revint;
il songea à s'aller réfugier dans la tour, près de
son fidèle Quasimodo. Il se leva; et comme il
avait peur, il prit, pour s'éclairer, la lampe du
bréviaire. C'était un sacrilége; mais il n'en était
plus à regarder à si peu de chose.

Il gravit lentement l'escalier des tours, plein
d'un secret effroi que devait propager jusqu'aux

rares passants du Parvis la mystérieuse lumière de sa lampe montant si tard de meurtrière en meurtrière au haut du clocher.

Tout-à-coup il sentit quelque fraîcheur sur son visage, et se trouva sous la porte de la plus haute galerie. L'air était froid ; le ciel charriait des nuages, dont les larges lames blanches débordaient les unes sur les autres en s'écrasant par les angles, et figuraient une débâcle de fleuve en hiver. Le croissant de la lune, échoué au milieu des nuées, semblait un navire céleste pris dans ces glaçons de l'air.

Il baissa la vue, et contempla un instant, entre la grille de colonnettes qui unit les deux tours, au loin, à travers une gaze de brumes et de fumées, la foule silencieuse des toits de Paris, aigus, innombrables, pressés et petits comme les flots d'une mer tranquille dans une nuit d'été.

La lune jetait un faible rayon, qui donnait au ciel et à la terre une teinte de cendre.

En ce moment l'horloge éleva sa voix grêle et fêlée. Minuit sonna. Le prêtre pensa à midi ; c'étaient les douze heures qui revenaient. — Oh ! se dit-il tout bas, elle doit être froide à présent!

Tout-à-coup un coup de vent éteignit sa lampe, et presque en même temps il vit paraître, à l'angle opposé de la tour, une ombre, une blancheur, une forme, une femme. Il tressaillit. A côté de cette femme, il y avait une petite chèvre, qui mêlait son bêlement au dernier bêlement de l'horloge.

Il eut la force de regarder. C'était elle.

Elle était pâle, elle était sombre. Ses cheveux tombaient sur ses épaules comme le matin; mais plus de corde au cou, plus de mains attachées : elle était libre, elle était morte.

Elle était vêtue de blanc et avait un voile blanc sur la tête.

Elle venait vers lui, lentement, en regardant le ciel. La chèvre surnaturelle la suivait. Il se sentait de pierre et trop lourd pour fuir. A chaque pas qu'elle faisait en avant, il en faisait un en arrière, et c'était tout. Il rentra ainsi sous la voûte obscure de l'escalier. Il était glacé de l'idée qu'elle allait peut-être y entrer aussi; si elle l'eût fait, il serait mort de terreur.

Elle arriva en effet devant la porte de l'escalier, s'y arrêta quelques instants, regarda fixement dans l'ombre, mais sans paraître y voir le prêtre, et passa. Elle lui parut plus grande que lorsqu'elle vivait; il vit la lune à travers sa robe blanche; il entendit son souffle.

Quand elle fut passée, il se mit à redescendre l'escalier, avec la lenteur qu'il avait vue au spectre, se croyant spectre lui-même, hagard, les cheveux tout droits, sa lampe éteinte toujours à la main; et tout en descendant les degrés en spirale, il entendait distinctement dans son oreille une voix qui riait et qui répétait : « .... Un esprit » passa devant ma face, et j'entendis un petit souf- » fle, et le poil de ma chair se hérissa. »

II

BOSSU, BORGNE, BOITEUX.

Toute ville au moyen-âge, et jusqu'à Louis XII, toute ville en France avait ses lieux d'asile. Ces lieux d'asile, au milieu du déluge de lois pénales et de juridictions barbares qui inondaient la Cité, étaient des espèces d'îles qui s'élevaient au-dessus du niveau de la justice humaine. Tout criminel qui y abordait était sauvé. Il y avait dans une banlieue presque autant de lieux d'asile que de lieux patibulaires. C'était l'abus de l'impunité à côté de l'abus des supplices, deux choses mauvaises qui tâchaient de se corriger l'une par l'autre. Les palais du roi, les hôtels des princes, les églises surtout avaient droit d'asile. Quelquefois d'une ville tout entière qu'on avait besoin de repeupler on faisait temporairement un lieu de refuge. Louis XI fit Paris asile en 1467.

Une fois le pied dans l'asile, le criminel était sacré; mais il fallait qu'il se gardât d'en sortir : un pas hors du sanctuaire, il retombait dans le flot. La roue, le gibet, l'estrapade faisaient bonne garde à l'entour du lieu de refuge, et guettaient sans cesse leur proie comme les requins autour du vaisseau. On a vu des condamnés qui blanchissaient ainsi dans un cloître, sur l'escalier d'un palais, dans la culture d'une abbaye, sous un porche d'église; de cette façon l'asile était une prison comme une autre. Il arrivait quelquefois qu'un arrêt solennel du parlement violait le refuge et restituait le condamné au bourreau; mais

la chose était rare. Les parlements s'effarou-
chaient des évêques, et quand ces deux robes-là
en venaient à se froisser, la simarre n'avait pas
beau jeu avec la soutane. Parfois, cependant,
comme dans l'affaire des assassins de Petit-Jean,
bourreau de Paris, et dans celle d'Emery Rous-
seau, meurtrier de Jean Valleret, la justice sautait par-dessus l'église et passait outre à l'exécution de ses sentences; mais, à moins d'un arrêt
du parlement, malheur à qui violait à main armée un lieu d'asile! On sait quelle fut la mort
de Robert de Clermont, maréchal de France, et
de Jean de Châlons, maréchal de Champagne;
et pourtant il ne s'agissait que d'un certain Per-
rin Marc, garçon d'un changeur, un misérable
assassin; mais les deux maréchaux avaient brisé
les portes de Saint-Méry. Là était l'énormité.

Il y avait autour des refuges un tel respect,
qu'au dire de la tradition, il prenait parfois jusqu'aux animaux. Aymoin conte qu'un cerf, chassé
par Dagobert, s'étant réfugié près du tombeau
de saint Denis, la meute s'arrêta tout court en
aboyant.

Les églises avaient d'ordinaire une logette préparée pour recevoir les suppliants. En 1407, Nicolas Flamel leur fit bâtir, sur les voûtes de Saint-Jacques-de-la-Boucherie, une chambre qui lui coûta quatre livres six sols seize deniers parisis.

A Notre-Dame, c'était une cellule établie sur les combles des bas-côtés sous les arcs-boutants, en regard du cloître, précisément à l'endroit où la femme du concierge actuel des tours s'est pratiqué un jardin, qui est aux jardins suspendus de Babylone ce qu'une laitue est à un palmier, ce qu'une portière est à Sémiramis.

C'est là qu'après sa course effrénée et triomphale sur les tours et les galeries, Quasimodo avait déposé la Esmeralda. Tant que cette course avait duré, la jeune fille n'avait pû reprendre ses sens, à demi assoupie, à demi éveillée, ne sentant plus rien sinon qu'elle montait dans l'air, qu'elle y flottait, qu'elle y volait, que quelque chose l'enlevait au-dessus de la terre. De temps en temps, elle entendait le rire éclatant, la voix bruyante de Quasimodo à son oreille ; elle entr'ouvrait ses yeux; alors au-dessous d'elle elle voyait confusément Paris marqueté de ses mille toits d'ardoises et de tuiles comme une mosaïque rouge et bleue, au-dessus de sa tête la face effrayante et joyeuse de Quasimodo. Alors sa paupière retombait; elle croyait que tout était fini, qu'on l'avait exécutée pendant son évanouissement, et que le difforme esprit qui avait présidé à sa destinée l'avait reprise et l'emportait. Elle n'osait le regarder et se laissait aller.

Mais quand le sonneur de cloches échevelé et haletant l'eut déposée dans la cellule du refuge, quand elle sentit ses grosses mains détacher doucement la corde qui lui meurtrissait les bras, elle éprouva cette espèce de secousse qui réveille en sursaut les passagers d'un navire qui touche au milieu d'une nuit obscure. Ses pensées se réveillèrent aussi, et lui revinrent une à une. Elle vit qu'elle était dans Notre-Dame; elle se souvint d'avoir été arrachée des mains du bourreau; que Phœbus était vivant, que Phœbus ne l'aimait plus; et ces deux idées, dont l'une répandait tant d'amertume sur l'autre, se présentant ensemble à la pauvre condamnée, elle se tourna vers Quasimodo qui se tenait debout devant elle, et qui lui faisait peur ; elle lui dit : — Pourquoi m'avez-vous sauvée ?

Il la regarda avec anxiété, comme cherchant à deviner ce qu'elle lui disait. Elle répéta sa question. Alors il lui jeta un coup d'œil profondément triste, et s'enfuit.

Elle resta étonnée.

Quelques moments après il revint, apportant un paquet qu'il jeta à ses pieds. C'étaient des vêtements que des femmes charitables avaient déposés pour elle au seuil de l'église. Alors elle abaissa ses yeux sur elle-même, se vit presque nue, et rougit. La vie revenait.

Quasimodo parut éprouver quelque chose de cette pudeur. Il voila son regard de sa large main, et s'éloigna encore une fois, mais à pas lents.

Elle se hâta de se vêtir. C'était une robe blanche avec un voile blanc. Un habit de novice de l'Hôtel-Dieu.

Elle achevait à peine qu'elle vit revenir Quasimodo. Il portait un panier sous un bras et un matelas sous l'autre. Il y avait dans le panier une bouteille, du pain, et quelques provisions. Il posa le panier à terre, et dit : — Mangez. Il étendit le matelas sur la dalle, et dit : — Dormez. C'était son propre repas, c'était son propre lit que le sonneur de cloches avait été chercher.

L'égyptienne leva les yeux sur lui pour le remercier; mais elle ne put articuler un mot. Le pauvre diable était vraiment horrible. Elle baissa la tête avec un tressaillement d'effroi.

Alors il lui dit : — Je vous fais peur. Je suis bien laid, n'est-ce pas? ne me regardez point; écoutez-moi seulement. — Le jour, vous resterez ici; la nuit, vous pouvez vous promener par toute l'église. Mais ne sortez de l'église ni jour ni nuit. Vous seriez perdue. On vous tuerait, et je mourrais.

Émue, elle leva la tête pour lui répondre. Il avait disparu. Elle se retrouva seule, rêvant aux paroles singulières de cet être presque monstrueux, et frappée du son de sa voix qui était si rauque et pourtant si douce.

Puis, elle examina sa cellule. C'était une chambre de quelque six pieds carrés, avec une petite lucarne et une porte sur le plan légèrement incliné du toit en pierres plates. Plusieurs gouttières à figures d'animaux semblaient se pencher autour d'elle et tendre le cou pour la voir par là lucarne. Au bord de son toit, elle apercevait le haut de mille cheminées qui faisaient monter sous ses yeux les fumées de tous les feux de Paris. Triste spectacle pour la pauvre égyptienne, enfant trouvé, condamnée à mort, malheureuse créature, sans patrie, sans famille, sans foyer.

Au moment où la pensée de son isolement lui apparaissait ainsi, plus poignante que jamais, elle sentit une tête velue et barbue se glisser dans ses mains, sur ses genoux. Elle tressaillit (tout l'effrayait maintenant), et regarda. C'était la pauvre chèvre, l'agile Djali, qui s'était échappée à sa suite, au moment où Quasimodo avait dispersé la brigade de Charmolue, et qui se répandait en caresses à ses pieds depuis près d'une heure, sans pouvoir obtenir un regard. L'égyptienne la couvrit de baisers. — Oh ! Djali, disait-elle, comme je t'ai oubliée ! tu songes donc toujours à moi ! Oh ! tu n'es pas ingrate, toi ! — En même temps, comme si une main invisible eût soulevé le poids qui comprimait ses larmes dans son cœur depuis si long-temps, elle se mit à pleurer, et à mesure que ses larmes coulaient, elle sentait s'en aller avec elles ce qu'il y avait de plus âcre et de plus amer dans sa douleur.

Le soir venu, elle trouva la nuit si belle, la lune si douce, qu'elle fit le tour de la galerie élevée qui enveloppe l'église. Elle en éprouva quelque soulagement, tant la terre lui parut calme, vue de cette hauteur.

T. Johannot p.
F. Finden sc.
Publié par Eugène Renduel

III

SOLEIL.

—

Le lendemain matin, elle s'aperçut en s'é—
veillant qu'elle avait dormi. Cette chose singu—
lière l'étonna. Il y avait si long-temps qu'elle
était déshabituée du sommeil. Un joyeux rayon
du soleil levant entrait par sa lucarne et lui ve—
nait frapper le visage. En même temps que le

soleil, elle vit à cette lucarne un objet qui l'ef-
fraya, la malheureuse figure de Quasimodo. In-
volontairement elle referma les yeux, mais en
vain; elle croyait toujours voir à travers sa paupière rose ce masque de gnome, borgne et brè-
chedent. Alors, tenant toujours ses yeux fermés,
elle entendit une rude voix qui disait très-dou-
cement : — N'ayez pas peur. Je suis votre ami.
J'étais venu vous voir dormir. Cela ne vous fait
pas de mal, n'est-ce pas, que je vienne vous voir
dormir? Qu'est-ce que cela vous fait que je sois
là quand vous avez les yeux fermés? Maintenant
je vais m'en aller. Tenez, je me suis mis derrière
le mur. Vous pouvez rouvrir les yeux.

Il y avait quelque chose de plus plaintif encore
que ces paroles, c'était l'accent dont elles étaient
prononcées. L'égyptienne touchée ouvrit les
yeux. Il n'était plus en effet à la lucarne. Elle alla
à cette lucarne, et vit le pauvre bossu blotti dans
un angle de mur, dans une attitude douloureuse
et résignée. Elle fit un effort pour surmonter la
répugnance qu'il lui inspirait. — Venez, lui dit-
elle doucement. Au mouvement des lèvres de

l'égyptienne, Quasimodo crut qu'elle le chassait ; alors il se leva et se retira en boitant, lentement, la tête baissée, sans même oser lever sur la jeune fille son regard plein de désespoir. — Venez donc, cria-t-elle. Mais il continuait de s'éloigner. Alors elle se jeta hors de sa cellule, courut à lui, et lui prit le bras. En se sentant touché par elle, Quasimodo trembla de tous ses membres. Il releva son œil suppliant, et voyant qu'elle le ramenait près d'elle, toute sa face rayonna de joie et de tendresse. Elle voulut le faire entrer dans sa cellule ; mais il s'obstina à rester sur le seuil.

— Non, non, dit-il ; le hibou n'entre pas dans le nid de l'alouette.

Alors elle s'accroupit gracieusement sur sa couchette avec sa chèvre endormie à ses pieds. Tous deux restèrent quelques instants immobiles, considérant en silence, lui tant de grâce, elle tant de laideur. A chaque moment, elle découvrait en Quasimodo quelques difformités de plus. Son regard se promenait des genoux cagneux au dos bossu, du dos bossu à l'œil unique. Elle ne pouvait comprendre qu'un être si gauchement ébauché existât. Cependant il y avait sur tout cela tant de tristesse et de douceur répandue qu'elle commençait à s'y faire.

Il rompit le premier ce silence. — Vous me disiez donc de revenir ?

Elle fit un signe de tête affirmatif, en disant : — Oui.

Il comprit le signe de tête. — Hélas ! dit-il comme hésitant à achever, c'est que... je suis sourd.

— Pauvre homme ! s'écria la bohémienne avec une expression de bienveillante pitié.

Il se mit à sourire douloureusement. — Vous trouvez qu'il ne me manquait que cela, n'est-ce pas ? Oui, je suis sourd. C'est comme cela que je suis fait. C'est horrible, n'est-il pas vrai ? Vous êtes si belle, vous !

Il y avait dans l'accent du misérable un sentiment si profond de sa misère qu'elle n'eut pas la force de dire une parole. D'ailleurs il ne l'aurait pas entendue. Il poursuivit :

— Jamais je n'ai vu ma laideur comme à présent. Quand je me compare à vous, j'ai bien pitié de moi, pauvre malheureux monstre que je suis! Je dois vous faire l'effet d'une bête, dites.

— Vous, vous êtes un rayon de soleil, une goutte de rosée, un chant d'oiseau! — Moi, je suis quelque chose d'affreux, ni homme, ni animal, un je ne sais quoi plus dur, plus foulé aux pieds et plus difforme qu'un caillou!

Alors il se mit à rire, et ce rire était ce qu'il y a de plus déchirant au monde. Il continua :

— Oui, je suis sourd; mais vous me parlerez par gestes, par signes. J'ai un maître qui cause avec moi de cette façon. Et puis, je saurai bien vite votre volonté au mouvement de vos lèvres, à votre regard.

— Hé bien! reprit-elle en souriant, dites-moi pourquoi vous m'avez sauvée.

Il la regarda attentivement tandis qu'elle parlait.

— J'ai compris, répondit-il. Vous me demandez pourquoi je vous ai sauvée. Vous avez oublié un misérable qui a tenté de vous enlever une nuit, un misérable à qui le lendemain même vous avez porté secours sur leur infâme pilori.

Une goutte d'eau et un peu de pitié, voilà plus
que je n'en paierai avec ma vie. Vous avez oublié
ce misérable ; lui, il s'est souvenu.

Elle l'écoutait avec un attendrissement profond. Une larme roulait dans l'œil du sonneur,
mais elle n'en tomba pas. Il parut mettre une
sorte de point d'honneur à la dévorer.

— Écoutez, reprit-il quand il ne craignit plus
que cette larme s'échappât : nous avons là des
tours bien hautes ; un homme qui en tomberait
serait mort avant de toucher le pavé ; quand il
vous plaira que j'en tombe, vous n'aurez pas
même un mot à dire, un coup d'œil suffira.

Alors il se leva. Cet être bizarre, si malheureuse que fût la bohémienne, éveillait encore
quelque compassion en elle. Elle lui fit signe de
rester.

— Non, non, dit-il, je ne dois pas rester
trop long-temps. Je ne suis pas à mon aise. C'est
par pitié que vous ne détournez pas les yeux. Je
vais quelque part d'où je vous verrai sans que
vous me voyiez : ce sera mieux.

Il tira de sa poche un petit sifflet de métal. —

Tenez, dit-il : quand vous aurez besoin de moi,
quand vous voudrez que je vienne, quand vous
n'aurez pas trop d'horreur à me voir, vous sif-
flerez avec ceci. J'entends ce bruit-là.

Il déposa le sifflet à terre, et s'enfuit.

IV

Les jours se succédèrent.

Le calme revenait peu à peu dans l'âme de la Esmeralda. L'excès de la douleur, comme l'excès de la joie, est une chose violente qui dure peu. Le cœur de l'homme ne peut rester long-temps dans une extrémité. La bohémienne avait tant

souffert qu'il ne lui en restait plus que l'étonnement.

Avec la sécurité, l'espérance lui était revenue.
Elle était hors de la société, hors de la vie, mais
elle sentait vaguement qu'il ne serait peut-être
pas impossible d'y rentrer. Elle était comme une
morte qui tiendrait en réserve une clef de son
tombeau.

Elle sentait s'éloigner d'elle peu à peu les images terribles qui l'avaient si long-temps obsédée.
Tous les fantômes hideux, Pierrat Torterue, Jacques Charmolue, s'effaçaient dans son esprit, tous,
le prêtre lui-même.

Et puis, Phœbus vivait; elle en était sûre,
elle l'avait vu. La vie de Phœbus, c'était tout.
Après la série de secousses fatales qui avaient tout
fait écrouler en elle, elle n'avait retrouvé debout
dans son âme qu'une chose, qu'un sentiment, son
amour pour le capitaine. C'est que l'amour est
comme un arbre : il pousse de lui-même, jette
profondément ses racines dans tout notre être,
et continue souvent de verdoyer sur un cœur en
ruines.

Et ce qu'il y a d'inexplicable, c'est que plus cette passion est aveugle, plus elle est tenace. Elle n'est jamais plus solide que lorsqu'elle n'a pas de raison en elle.

Sans doute la Esmeralda ne songeait pas au capitaine sans amertume. Sans doute il était affreux qu'il eût été trompé aussi, lui, qu'il eût cru cette chose impossible, qu'il eût pu comprendre un coup de poignard venu de celle qui eût donné mille vies pour lui. Mais enfin il ne fallait pas trop lui en vouloir : n'avait-elle pas avoué *son crime?* n'avait-elle pas cédé, faible femme, à la torture? Toute la faute était à elle. Elle aurait dû se laisser arracher les ongles plutôt qu'une telle parole. Enfin, qu'elle revît Phœbus une seule fois, une seule minute, il ne faudrait qu'un mot, qu'un regard, pour le détromper, pour le ramener. Elle n'en doutait pas. Elle s'étourdissait aussi sur beaucoup de choses singulières, sur le hasard de la présence de Phœbus le jour de l'amende honorable, sur la jeune fille avec laquelle il était. C'était sa sœur sans doute. Explication déraisonnable, mais dont elle se contentait, parce qu'elle avait besoin de croire que Phœbus l'aimait toujours et n'aimait qu'elle. Ne le lui avait-il pas juré? Que lui fallait-il de plus, naïve et crédule qu'elle était? Et puis, dans cette affaire, les apparences n'étaient-elles pas bien plutôt contre elle que contre lui? Elle attendait donc. Elle espérait.

Ajoutons que l'église, cette vaste église, qui l'enveloppait de toutes parts, qui la gardait, qui la sauvait, était elle-même un souverain calmant. Les lignes solennelles de cette architecture, l'attitude religieuse de tous les objets qui entouraient la jeune fille, les pensées pieuses et sereines qui se dégageaient, pour ainsi dire, de tous les pores de cette pierre, agissaient sur elle à son insu. L'édifice avait aussi des bruits d'une telle bénédiction et d'une telle majesté qu'ils assoupissaient cette âme malade. Le chant monotone des officiants, les réponses du peuple aux prêtres, quelquefois inarticulées, quelquefois tonnantes, l'harmonieux tressaillement des vitraux, l'orgue éclatant comme cent trompettes, les trois clochers bourdonnant comme des ruches de grosses abeilles, tout cet orchestre sur lequel bondissait une gamme gigantesque montant et descendant sans cesse d'une foule à un clocher, assourdissaient sa mémoire, son imagination, sa douleur. Les cloches surtout la berçaient. C'était comme un magnétisme puissant que ces vastes appareils répandaient sur elle à larges flots.

Aussi chaque soleil levant la trouvait plus apaisée, respirant mieux, moins pâle. A mesure que ses plaies intérieures se fermaient, sa grâce et sa beauté refleurissaient sur son visage, mais plus recueillies et plus reposées. Son ancien caractère lui revenait aussi, quelque chose même de sa gaîté, sa jolie moue, son amour de sa chèvre, son goût de chanter, sa pudeur. Elle avait soin de s'habiller le matin dans l'angle de sa logette, de peur que quelque habitant des greniers voisins ne la vît par la lucarne.

Quand la pensée de Phœbus lui en laissait le temps, l'égyptienne songeait quelquefois à Quasimodo. C'était le seul lien, le seul rapport, la seule communication qui lui restât avec les hommes, avec les vivants. La malheureuse! elle était plus hors du monde que Quasimodo. Elle ne comprenait rien à l'étrange ami que le hasard lui avait donné. Souvent elle se reprochait de ne pas avoir une reconnaissance qui fermât les yeux, mais décidément elle ne pouvait s'accoutumer au pauvre sonneur. Il était trop laid.

Elle avait laissé à terre le sifflet qu'il lui avait donné. Cela n'empêcha pas Quasimodo de reparaître de temps en temps les premiers jours. Elle faisait son possible pour ne pas se détourner avec trop de répugnance quand il venait lui apporter le panier de provisions ou la cruche d'eau, mais il s'apercevait toujours du moindre mouvement de ce genre, et alors il s'en allait tristement.

Une fois, il survint au moment où elle caressait Djali. Il resta quelques moments pensif devant ce groupe gracieux de la chèvre et de l'égyptienne, enfin il dit en secouant sa tête lourde et mal faite : — Mon malheur c'est que je ressemble encore trop à l'homme. Je voudrais être tout-à-fait une bête, comme cette chèvre.

Elle leva sur lui un regard étonné.

Il répondit à ce regard : — Oh ! je sais bien pourquoi. — Et il s'en alla.

Une autre fois, il se présenta à la porte de la cellule (où il n'entrait jamais) au moment où la Esmeralda chantait une vieille ballade espagnole, dont elle ne comprenait pas les paroles, mais qui était restée dans son oreille parce que les bohémiennes l'en avaient bercée tout enfant. A la vue de cette vilaine figure, qui survenait brusquement au milieu de sa chanson, la jeune fille s'interrompit avec un geste d'effroi involontaire. Le malheureux sonneur tomba à genoux sur le seuil de la porte, et joignit, d'un air suppliant, ses grosses mains informes. — Oh ! dit-il douloureusement, je vous en conjure, continuez, et ne me chassez pas. — Elle ne voulut pas l'affliger, et, toute tremblante, reprit sa romance. Par degrés cependant son effroi se dissipa, et elle se laissa aller tout entière à l'impression de l'air mélancolique et traînant qu'elle chantait. Lui, était resté à genoux, les mains jointes, comme en prières, attentif, respirant à peine, son regard fixé sur les prunelles brillantes de la bohémienne. On eût dit qu'il entendait sa chanson dans ses yeux.

Une autre fois encore, il vint à elle d'un air

gauche et timide. — Écoutez-moi , dit-il avec
effort; j'ai quelque chose à vous dire. — Elle lui
fit signe qu'elle l'écoutait. Alors il se mit à soupirer, entr'ouvrit ses lèvres, parut un moment
prêt à parler, puis il la regarda , fit un mouvement de tête négatif, et se retira lentement, son
front dans la main , laissant l'égyptienne stupéfaite.

Parmi les personnages grotesques sculptés dans
le mur, il y en avait un qu'il affectionnait parti-
culièrement , et avec lequel il semblait souvent
échanger des regards fraternels. Une fois l'égyptienne l'entendit qui lui disait : — Oh ! que ne
suis-je de pierre comme toi !

Un jour, enfin , un matin, la Esmeralda s'é-
tait avancée jusqu'au bord du toit, et regardait
dans la place par-dessus la toiture aiguë de Saint-
Jean-le-Rond. Quasimodo était là , derrière elle.
Il se plaçait ainsi de lui-même, afin d'épargner le
plus possible à la jeune fille le déplaisir de le voir.
Tout-à-coup la bohémienne tressaillit, une larme
et un éclair de joie brillèrent à la fois dans ses
yeux, elle s'agenouilla au bord du toit et tendit

ses bras avec angoisse vers la place en criant :
Phœbus! viens! viens! un mot, un seul mot,
au nom du ciel! Phœbus! Phœbus! — Sa voix,
son visage, son geste, toute sa personne avaient
l'expression déchirante d'un naufragé qui fait le
signal de détresse au joyeux navire qui passe au
loin dans un rayon de soleil à l'horizon.

Quasimodo se pencha sur la place, et vit que
l'objet de cette tendre et délirante prière était
un jeune homme, un capitaine, un beau cavalier
tout reluisant d'armes et de parures, qui passait
en caracolant au fond de la place, et saluait du
panache une belle dame souriant à son balcon.
Du reste, l'officier n'entendait pas la malheureuse
qui l'appelait; il était trop loin.

Mais le pauvre sourd entendait, lui. Un soupir
profond souleva sa poitrine; il se retourna; son
cœur était gonflé de toutes les larmes qu'il dévo-
rait; ses deux poings convulsifs se heurtèrent sur
sa tête, et quand il les retira, il avait à chaque
main une poignée de cheveux roux.

L'égyptienne ne faisait aucune attention à lui.
Il disait à voix basse en grinçant des dents : —

Damnation! Voilà donc comme il faut être! il n'est besoin que d'être beau en dessus!

Cependant elle était restée à genoux, et criait avec une agitation extraordinaire : — Oh! le voilà qui descend de cheval! — Il va entrer dans cette maison! — Phœbus! — Il ne m'entend pas! — Phœbus! — Que cette femme est méchante de lui parler en même temps que moi! — Phœbus! Phœbus!

Le sourd la regardait. Il comprenait cette pantomime. L'œil du pauvre sonneur se remplissait de larmes, mais il n'en laissait couler aucune. Tout-à-coup il la tira doucement par le bord de sa manche. Elle se retourna. Il avait pris un air tranquille; il lui dit : — Voulez-vous que je vous l'aille chercher?

Elle poussa un cri de joie. — Oh! va! allez! cours! vite! ce capitaine! ce capitaine! amenez-le-moi! je t'aimerai! Elle embrassait ses genoux. Il ne put s'empêcher de secouer la tête douloureusement. — Je vais vous l'amener, dit-il d'une voix faible. Puis il tourna la tête, et se précipita à grands pas sous l'escalier, étouffé de sanglots.

Quand il arriva sur la place, il ne vit plus rien que le beau cheval attaché à la porte du logis Gondelaurier; le capitaine venait d'y entrer.

Il leva son regard vers le toit de l'église. La Esmeralda y était toujours à la même place, dans la même posture. Il lui fit un triste signe de tête; puis il s'adossa à l'une des bornes du porche Gondelaurier, déterminé à attendre que le capitaine sortît.

C'était, dans le logis Gondelaurier, un de ces jours de gala qui précèdent les noces. Quasimodo vit entrer beaucoup de monde et ne vit sortir personne. De temps en temps il regardait vers le toit : l'égyptienne ne bougeait pas plus que lui. Un palefrenier vint détacher le cheval, et le fit entrer à l'écurie du logis.

La journée entière se passa ainsi, Quasimodo sur la borne, la Esmeralda sur le toit, Phœbus sans doute aux pieds de Fleur-de-Lys.

Enfin la nuit vint; une nuit sans lune, une nuit obscure. Quasimodo eut beau fixer son regard sur la Esmeralda; bientôt ce ne fut plus qu'une blancheur dans le crépuscule; puis rien. Tout s'effaça; tout était noir.

Quasimodo vit s'illuminer, du haut en bas de la façade, les fenêtres du logis Gondelaurier; il vit s'allumer, l'une après l'autre, les autres croisées de la place; il les vit aussi s'éteindre jusqu'à la dernière, car il resta toute la soirée à son poste. L'officier ne sortait pas. Quand les derniers passants furent rentrés chez eux, quand toutes les croisées des autres maisons furent éteintes, Quasimodo demeura tout-à-fait seul, tout-à-fait dans l'ombre. Il n'y avait pas alors de luminaire dans le parvis de Notre-Dame.

Cependant les fenêtres du logis Gondelaurier étaient restées éclairées, même après minuit. Quasimodo, immobile et attentif, voyait passer sur les vitraux de mille couleurs une foule d'ombres vives et dansantes. S'il n'eût pas été sourd, à mesure que la rumeur de Paris endormi s'éteignait, il eût entendu de plus en plus distinctement, dans l'intérieur du logis Gondelaurier, un bruit de fête, de rires et de musique.

Vers une heure du matin les conviés commencèrent à se retirer. Quasimodo, enveloppé de ténèbres, les regardait tous passer sous le porche éclairé de flambeaux. Aucun n'était le capitaine.

Il était plein de pensées tristes; par moments il regardait en l'air, comme ceux qui s'ennuient. De grands nuages noirs, lourds, déchirés, crevassés, pendaient comme des hamacs de crêpe sous le cintre étoilé de la nuit. On eût dit les toiles d'araignées de la voûte du ciel.

Dans un de ces moments il vit tout-à-coup s'ouvrir mystérieusement la porte-fenêtre du balcon dont la balustrade de pierre se découpait au-dessus de sa tête. La frêle porte de vitre donna passage à deux personnes derrière lesquelles elle se referma sans bruit : c'était une homme et une femme. Ce ne fut pas sans peine que Quasimodo parvint à reconnaître dans l'homme le beau capitaine, dans la femme la jeune dame qu'il avait vue le matin souhaiter la bienvenue à l'officier, du haut de ce même balcon. La place était parfaitement obscure, et un double rideau cramoisi, qui était retombé derrière la porte au moment où elle s'était refermée, ne laissait guère arriver sur le balcon la lumière de l'appartement.

Le jeune homme et la jeune fille, autant qu'en pouvait juger notre sourd qui n'entendait pas une de leurs paroles, paraissaient s'abandonner à un fort tendre tête-à-tête. La jeune fille semblait avoir permis à l'officier de lui faire une ceinture de son bras, et résistait doucement à un baiser.

Quasimodo assistait d'en bas à cette scène d'autant plus gracieuse à voir qu'elle n'était pas faite pour être vue. Il contemplait ce bonheur, cette beauté, avec amertume. Après tout la nature n'était pas muette chez le pauvre diable, et sa colonne vertébrale, toute méchamment tordue qu'elle était, n'était pas moins frémissante qu'une autre. Il songeait à la misérable part que la Providence lui avait faite; que la femme, l'amour, la volupté lui passeraient éternellement sous les yeux, et qu'il ne ferait jamais que voir la félicité des autres. Mais ce qui le déchirait le plus dans ce spectacle, ce qui mêlait de l'indignation à son dépit, c'était de penser à ce que devait souffrir l'égyptienne si elle voyait. — Il est vrai que la nuit était bien noire, que la Esmeralda, si elle était

restée à sa place (et il n'en doutait pas), était
fort loin, et que c'était tout au plus s'il pouvait
distinguer lui-même les amoureux du balcon.
Cela le consolait.

Cependant leur entretien devenait de plus en
plus animé. La jeune dame paraissait supplier
l'officier de ne rien lui demander de plus. Quasimodo ne distinguait de tout cela que les belles
mains jointes, les sourires mêlés de larmes, les
regards levés aux étoiles de la jeune fille, les
yeux du capitaine ardemment abaissés sur elle.

Heureusement, car la jeune fille commençait
à ne plus lutter que faiblement, la porte du balcon se rouvrit subitement, une vieille dame parut : la belle sembla confuse, l'officier prit un air
dépité, et tous trois rentrèrent.

Un moment après un cheval piaffa sous le porche, et le brillant officier, enveloppé de son manteau de nuit, passa rapidement devant Quasimodo.

Le sonneur lui laissa doubler l'angle de la rue,
puis il se mit à courir après lui avec son agilité
de singe, en criant : — Hé ! le capitaine !

Le capitaine s'arrêta.

— Que me veut ce maraud? dit-il en avisant dans l'ombre cette espèce de figure déhanchée qui accourait vers lui en cahotant.

Quasimodo cependant était arrivé à lui, et avait pris hardiment la bride de son cheval : — Suivez-moi, capitaine; il y a ici quelqu'un qui veut vous parler.

— Cornemahom! grommela Phœbus, voilà un vilain oiseau ébouriffé qu'il me semble avoir vu quelque part. — Holà! maître, veux-tu bien laisser la bride de mon cheval?

— Capitaine, répondit le sourd, ne me demandez-vous pas qui?

— Je te dis de lâcher mon cheval, repartit Phœbus impatienté. Que veut ce drôle qui se pend au chanfrein de mon destrier? Est-ce que tu prends mon cheval pour une potence?

Quasimodo, loin de quitter la bride du cheval, se disposait à lui faire rebrousser chemin. Ne pouvant s'expliquer la résistance du capitaine, il se hâta de lui dire : —Venez, capitaine; c'est une

femme qui vous attend. Il ajouta avec effort : Une
femme qui vous aime.

— Rare faquin ! dit le capitaine, qui me croit
obligé d'aller chez toutes les femmes qui m'aiment !
ou qui le disent. — Et si par hasard elle te ressemble, face de chat-huant? — Dis à celle qui
t'envoie que je vais me marier, et qu'elle aille
au diable !

—Écoutez, s'écria Quasimodo croyant vaincre
d'un mot son hésitation, venez, monseigneur ! C'est
l'égyptienne que vous savez !

Ce mot fit en effet une grande impression sur
Phœbus, mais non celle que le sourd en attendait. On se rappelle que notre galant officier s'é-
tait retiré avec Fleur-de-Lys quelques moments
avant que Quasimodo ne sauvât la condamnée des
mains de Charmolue. Depuis, dans toutes ses vi-
sites au logis Gondelaurier, il s'était bien gardé
de reparler de cette femme dont le souvenir,
après tout, lui était pénible ; et de son côté Fleur-
de-Lys n'avait pas jugé politique de lui dire que
l'égyptienne vivait. Phœbus croyait donc la pauvre *Similar* morte, et qu'il y avait déjà un ou

deux mois de cela. Ajoutons que depuis quelques instants le capitaine songeait à l'obscurité profonde de la nuit, à la laideur surnaturelle, à la voix sépulcrale de l'étrange messager, que minuit était passé, que la rue était déserte comme le soir où le moine-bourru l'avait accosté, et que son cheval soufflait en regardant Quasimodo.

— L'égyptienne! s'écria-t-il presque effrayé. Or çà, viens-tu de l'autre monde?

Et il mit la main sur la poignée de sa dague.

—Vite, vite, dit le sourd cherchant à entraîner le cheval; par ici!

Phœbus lui asséna un vigoureux coup de botte dans la poitrine.

L'œil de Quasimodo étincela. Il fit un mouvement pour se jeter sur le capitaine. Puis il dit en se roidissant : — Oh! que vous êtes heureux qu'il y ait quelqu'un qui vous aime!

Il appuya sur le mot *quelqu'un*, et lâchant la bride du cheval : — Allez-vous-en!

Phœbus piqua des deux en jurant. Quasimodo le regarda s'enfoncer dans le brouillard de la rue.

— Oh! disait tout bas le pauvre sourd, refuser cela!

Il rentra dans Notre-Dame, alluma sa lampe, et remonta dans la tour. Comme il l'avait pensé, la bohémienne était toujours à la même place. Du plus loin qu'elle l'aperçut, elle courut à lui.

— Seul! s'écria-t-elle en joignant douloureusement ses belles mains.

— Je n'ai pu le retrouver, dit froidement Quasimodo.

— Il fallait l'attendre toute la nuit, reprit-elle avec emportement.

Il vit son geste de colère, et comprit le reproche. — Je le guetterai mieux une autre fois, dit-il en baissant la tête.

— Va-t'en! lui dit-elle.

Il la quitta. Elle était mécontente de lui. Il avait mieux aimé être maltraité par elle que de l'affliger. Il avait gardé toute la douleur pour lui.

A dater de ce jour, l'égyptienne ne le vit plus. Il cessa de venir à sa cellule. Tout au plus entrevoyait-elle quelquefois au sommet d'une tour la figure du sonneur mélancoliquement fixée sur elle. Mais dès qu'elle l'apercevait, il disparaissait.

Nous devons dire qu'elle était peu affligée de cette absence volontaire du pauvre bossu. Au fond du cœur, elle lui en savait gré. Au reste, Quasimodo ne se faisait pas illusion à cet égard.

Elle ne le voyait plus, mais elle sentait la présence d'un bon génie autour d'elle. Ses provisions étaient renouvelées par une main invisible pendant son sommeil. Un matin elle trouva sur sa fenêtre une cage d'oiseaux. Il y avait au-dessus de sa cellule une sculpture qui lui faisait peur. Elle l'avait témoigné plus d'une fois devant Quasimodo. Un matin (car toutes ces choses-là se faisaient la nuit), elle ne la vit plus, on l'avait brisée. Celui qui avait grimpé jusqu'à cette sculpture avait dû risquer sa vie.

Quelquefois, le soir, elle entendait une voix, cachée sous les abat-vent du clocher, chanter comme pour l'endormir une chanson triste et bizarre. C'était des vers sans rime, comme un sourd en peut faire.

> Ne regarde pas la figure,
> Jeune fille, regarde le cœur.

Le cœur d'un beau jeune homme est souvent difforme.
Il y a des cœurs où l'amour ne se conserve pas.

> Jeune fille, le sapin n'est pas beau,
> N'est pas beau comme le peuplier,
> Mais il garde son feuillage l'hiver.

> Hélas ! à quoi bon dire cela ?
> Ce qui n'est pas beau a tort d'être ;
> La beauté n'aime que la beauté,
> Avril tourne le dos à janvier.

> La beauté est parfaite,
> La beauté peut tout,
> La beauté est la seule chose qui n'existe pas à demi.

> Le corbeau ne vole que le jour,
> Le hibou ne vole que la nuit,
> Le cygne vole la nuit et le jour.

Un matin, elle vit, en s'éveillant, sur sa fenêtre deux vases pleins de fleurs. L'un était un vase de cristal fort beau et fort brillant, mais fêlé. Il avait laissé fuir l'eau dont on l'avait rempli, et les fleurs qu'il contenait étaient fanées. L'autre était un pot de grès, grossier et commun, mais qui avait conservé toute son eau, et dont les fleurs étaient restées fraîches et vermeilles.

Je ne sais pas si ce fut avec intention, mais la Esmeralda prit le bouquet fané, et le porta tout le jour sur son sein.

Ce jour-là, elle n'entendit pas la voix de la tour chanter.

Elle s'en soucia médiocrement. Elle passait ses journées à caresser Djali, à épier la porte du logis Gondelaurier, à s'entretenir tout bas de Phœbus, et à émietter son pain aux hirondelles.

Elle avait du reste tout-à-fait cessé de voir, cessé d'entendre Quasimodo. Le pauvre sonneur semblait avoir disparu de l'église. Une nuit pourtant, comme elle ne dormait pas et songeait à son beau capitaine, elle entendit soupirer près de sa cellule. Effrayée, elle se leva, et vit à la lumière de la lune une masse informe couchée en travers devant sa porte. C'était Quasimodo qui dormait là sur la pierre.

V

LA CLEF DE LA PORTE-ROUGE.

Cependant la voix publique avait fait connaître à l'archidiacre de quelle manière miraculeuse l'égyptienne avait été sauvée. Quand il apprit cela, il ne sut ce qu'il en éprouvait. Il s'était arrangé de la mort de la Esmeralda. De cette façon il était tranquille : il avait touché le fond de la douleur possible. Le cœur humain (dom Claude avait médité sur ces matières) ne peut contenir qu'une certaine quantité de désespoir. Quand l'éponge est imbibée, la mer peut passer dessus sans y faire entrer une larme de plus.

Or, la Esmeralda morte, l'éponge était imbibée, tout était dit pour dom Claude sur cette terre. Mais la sentir vivante, et Phœbus aussi, c'étaient les tortures qui recommençaient, les secousses, les alternatives, la vie. Et Claude était las de tout cela.

Quand il sut cette nouvelle, il s'enferma dans sa cellule du cloître. Il ne parut ni aux conférences capitulaires, ni aux offices. Il ferma sa porte à tous, même à l'évêque. Il resta muré de cette sorte plusieurs semaines. On le crut malade. Il l'était en effet.

Que faisait-il ainsi enfermé? Sous quelles pensées l'infortuné se débattait-il? Livrait-il une dernière lutte à sa redoutable passion? Combinait-il un dernier plan de mort pour elle et de perdition pour lui?

Son Jehan, son frère chéri, son enfant gâté,

vint une fois à sa porte, frappa, jura, supplia, se nomma dix fois. Claude n'ouvrit pas.

Il passait des journées entières la face collée aux vitres de sa fenêtre. De cette fenêtre, située dans le cloître, il voyait la logette de la Esmeralda ; il la voyait souvent elle-même avec sa chèvre, quelquefois avec Quasimodo. Il remarquait les petits soins du vilain sourd, ses obéissances, ses façons délicates et soumises avec l'égyptienne. Il se rappelait, car il avait bonne mémoire, lui, et la mémoire est la tourmenteuse des jaloux ; il se rappelait le regard singulier du sonneur sur la danseuse un certain soir. Il se demandait quel motif avait pu pousser Quasimodo à la sauver. Il fut témoin de mille petites scènes entre la bohémienne et le sourd, dont la pantomime, vue de loin et commentée par sa passion, lui parut fort tendre. Il se défiait de la singularité des femmes. Alors il sentit confusément s'éveiller en lui une jalousie à laquelle il ne se fût jamais attendu, une jalousie qui le faisait rougir de honte et d'indignation. — Passe encore pour le capitaine, mais celui-ci ! — Cette pensée le bouleversait.

Ses nuits étaient affreuses. Depuis qu'il savait l'égyptienne vivante, les froides idées de spectre et de tombe qui l'avaient obsédé un jour entier s'étaient évanouies, et la chair revenait l'aiguillonner. Il se tordait sur son lit de sentir la brune jeune fille si près de lui.

Chaque nuit, son imagination délirante lui représentait la Esmeralda dans toutes les attitudes qui avaient le plus fait bouillir ses veines. Il la voyait étendue sur le capitaine poignardé, les yeux fermés, sa belle gorge nue couverte du sang de Phœbus, à ce moment de délice où l'archidiacre avait imprimé sur ses lèvres pâles ce baiser dont la malheureuse, quoique à demi morte, avait senti la brûlure. Il la revoyait déshabillée par les mains sauvages des tortionnaires, laissant mettre à nu et emboîter dans le brodequin aux vis de fer son petit pied, sa jambe fine et ronde, son genou souple et blanc. Il revoyait encore ce genou d'ivoire resté seul en dehors de l'horrible appareil de Torterue. Il se figurait enfin la jeune fille, en chemise, la corde au cou, épaules nues, pieds nus, presque nue, comme il l'avait vue le dernier jour. Ces images de volupté faisaient crisper ses poings et courir un frisson le long de ses vertèbres.

Une nuit entre autres, elles échauffèrent si cruellement dans ses artères son sang de vierge et de prêtre qu'il mordit son oreiller, sauta hors de son lit, jeta un surplis sur sa chemise, et sortit de sa cellule, sa lampe à la main, à demi nu, effaré, l'œil en feu.

Il savait où trouver la clef de la Porte-Rouge qui communiquait du cloître à l'église, et il avait toujours sur lui, comme on sait, une clef de l'escalier des tours.

VI

SUITE DE LA CLEF DE LA PORTE-ROUGE.

Cette nuit-là, la Esmeralda s'était endormie dans sa logette, pleine d'oubli, d'espérance et de douces pensées. Elle dormait depuis quelque temps, rêvant, comme toujours, de Phœbus, lorsqu'il lui sembla entendre du bruit autour d'elle. Elle avait un sommeil léger et inquiet, un

sommeil d'oiseau; un rien la réveillait. Elle ouvrit les yeux. La nuit était très-noire. Cependant elle vit à la lucarne une figure qui la regardait; il y avait une lampe qui éclairait cette
apparition. Au moment où elle se vit aperçue de
la Esmeralda, cette figure souffla la lampe. Néanmoins la jeune fille avait eu le temps de l'entre-
voir; ses paupières se refermèrent de terreur.

— Oh! dit-elle d'une voix éteinte, le prêtre!

Tout son malheur passé lui revint comme dans
un éclair. Elle retomba sur son lit, glacée.

Un moment après, elle sentit le long de son
corps un contact qui la fit tellement frémir
qu'elle se dressa réveillée et furieuse sur son
séant.

Le prêtre venait de se glisser près d'elle. Il
l'entourait de ses deux bras.

Elle voulut crier, et ne put.

— Va-t'en, monstre! va-t'en, assassin! dit-
elle d'une voix tremblante et basse à force de
colère et d'épouvante.

— Grâce! grâce! murmura le prêtre en lui
imprimant ses lèvres sur ses épaules.

Elle lui prit sa tête chauve à deux mains par son reste de cheveux, et s'efforça d'éloigner ses baisers comme si c'eût été des morsures.

— Grâce! répétait l'infortuné. Si tu savais ce que c'est que mon amour pour toi! c'est du feu, du plomb fondu, mille couteaux dans mon cœur!

Et il arrêta ses deux bras avec une force surhumaine. Éperdue : — Lâche-moi, lui dit-elle, ou je te crache au visage!

Il la lâcha. — Avilis-moi, frappe-moi, sois méchante! fais ce que tu voudras! Mais grâce! aime-moi!

Alors elle le frappa avec une fureur d'enfant. Elle roidissait ses belles mains pour lui meurtrir la face. — Va-t'en, démon!

— Aime-moi! aime-moi! pitié! criait le pauvre prêtre en se roulant sur elle et en répondant à ses coups par des caresses.

Tout-à-coup, elle le sentit plus fort qu'elle. — Il faut en finir! dit-il en grinçant des dents.

Elle était subjuguée, palpitante, brisée, entre ses bras, à sa discrétion. Elle sentait une main lascive s'égarer sur elle. Elle fit un dernier effort,

et se mit à crier : — Au secours ! à moi ! un vampire ! un vampire !

Rien ne venait. Djali seule était éveillée, et
bêlait avec angoisse.

— Tais-toi ! disait le prêtre haletant.

Tout-à-coup, en se débattant, en rampant sur
le sol, la main de l'égyptienne rencontra quelque
chose de froid et de métallique. C'était le sifflet de
Quasimodo. Elle le saisit avec une convulsion d'espérance, le porta à ses lèvres, et y siffla de tout
ce qui lui restait de force. Le sifflet rendit un son
clair, aigu, perçant.

— Qu'est-ce que cela ? dit le prêtre.

Presque au même instant il se sentit enlever
par un bras vigoureux ; la cellule était sombre. Il
ne put distinguer nettement qui le tenait ainsi ;
mais il entendit des dents claquer de rage, et il y
avait juste assez de lumière éparse dans l'ombre
pour qu'il vît briller au-dessus de sa tête une
large lame de coutelas.

Le prêtre crut apercevoir la forme de Quasimodo. Il supposa que ce ne pouvait être que lui.
Il se souvint avoir trébuché en entrant contre

un paquet qui était étendu en travers de la porte
en dehors. Cependant, comme le nouveau-
venu ne proférait pas une parole, il ne savait
que croire. Il se jeta sur le bras qui tenait le
coutelas en criant : — *Quasimodo !* Il oubliait,
en ce moment de détresse, que Quasimodo était
sourd.

En un clin d'œil le prêtre fut terrassé, et sentit un genou de plomb s'appuyer sur sa poitrine.
A l'empreinte anguleuse de ce genou, il reconnut Quasimodo; mais que faire? comment de son
côté être reconnu de lui? la nuit faisait le sourd
aveugle.

Il était perdu. La jeune fille, sans pitié, comme
une tigresse irritée, n'intervenait pas pour le sauver. Le coutelas se rapprochait de sa tête; le moment était critique. Tout-à-coup, son adversaire
parut pris d'une hésitation. — Pas de sang sur
elle! dit-il d'une voix sourde.

C'était en effet la voix de Quasimodo.

Alors le prêtre sentit la grosse main qui le traînait par le pied hors de la cellule; c'est là qu'il
devait mourir. Heureusement pour lui, la lune

venait de se lever depuis quelques instants.

Quand ils eurent franchi la porte de la logette, son pâle rayon tomba sur la figure du prêtre. Quasimodo le regarda en face, un tremblement le prit, il lâcha le prêtre, et recula.

L'égyptienne, qui s'était avancée sur le seuil de la cellule, vit avec surprise les rôles changer brusquement. C'était maintenant le prêtre qui menaçait, Quasimodo qui suppliait.

Le prêtre, qui accablait le sourd de gestes de colère et de reproche, lui fit violemment signe de se retirer.

Le sourd baissa la tête, puis il vint se mettre à genoux devant la porte de l'égyptienne. — Monseigneur, dit-il d'une voix grave et résignée, vous ferez après ce qu'il vous plaira ; mais tuez-moi d'abord.

En parlant ainsi, il présentait au prêtre son coutelas. Le prêtre hors de lui se jeta dessus. Mais la jeune fille fut plus prompte que lui ; elle arracha le couteau des mains de Quasimodo, et éclata de rire avec fureur. — Approche ! dit-elle au prêtre.

Elle tenait la lame haute. Le prêtre demeura indécis. Elle eût certainement frappé. — Tu n'oserais plus approcher, lâche! lui cria-t-elle. Puis elle ajouta avec une expression impitoyable, et sachant bien qu'elle allait percer de mille fers rouges le cœur du prêtre : — Ah! je sais que Phœbus n'est pas mort!

Le prêtre renversa Quasimodo à terre d'un coup de pied, et se replongea en frémissant de rage sous la voûte de l'escalier.

Quand il fut parti, Quasimodo ramassa le sifflet qui venait de sauver l'égyptienne. — Il se rouillait, dit-il en le lui rendant; puis il la laissa seule.

La jeune fille, bouleversée par cette scène violente, tomba épuisée sur son lit, et se mit à pleurer à sanglots. Son horizon redevenait sinistre.

De son côté, le prêtre était rentré à tâtons dans sa cellule.

C'en était fait. Dom Claude était jaloux de Quasimodo!

Il répéta d'un air pensif sa fatale parole : Personne ne l'aura!

LIVRE DIXIÈME.

I

GRINGOIRE A PLUSIEURS BONNES IDÉES
DE SUITE RUE DES BERNARDINS.

—

Depuis que Pierre Gringoire avait vu comment
toute cette affaire tournait, et que décidément il
y aurait corde, pendaison et autres désagréments
pour les personnages principaux de cette comédie, il ne s'était plus soucié de s'en mêler. Les
truands, parmi lesquels il était resté, considérant

qu'en dernier résultat, c'était la meilleure compagnie de Paris, les truands avaient continué de
s'intéresser à l'égyptienne. Il avait trouvé cela
fort simple de la part de gens qui n'avaient,
comme elle, d'autre perspective que Charmolue
et Torterue, et qui ne chevauchaient pas comme
lui dans les régions imaginaires entre les deux ailes de Pégasus. Il avait appris par leurs propos
que son épousée au pot cassé s'était réfugiée dans
Notre-Dame, et il en était bien aise. Mais il n'a-
vait pas même la tentation d'y aller voir. Il songeait quelquefois à la petite chèvre, et c'était tout.
Du reste, le jour il faisait des tours de force pour
vivre, et la nuit il élucubrait un mémoire contre
l'évêque de Paris, car il se souvenait d'avoir été
inondé par les roues de ses moulins, et il lui en
gardait rancune. Il s'occupait aussi de commen-
ter le bel ouvrage de Baudry-le-Rouge, évêque
de Noyon et de Tournay, *de Cupa Petrarum*, ce
qui lui avait donné un goût violent pour l'architecture; penchant qui avait remplacé dans son
cœur sa passion pour l'hermétisme, dont il n'é-
tait d'ailleurs qu'un corollaire naturel, puisqu'il

y a un lien intime entre l'hermétique et la maçonnerie. Gringoire avait passé de l'amour d'une
idée à l'amour de la forme de cette idée.

Un jour, il s'était arrêté près de Saint-Germain-
l'Auxerrois à l'angle d'un logis qu'on appelait *le
For-l'Évêque*, lequel faisait face à un autre qu'on
appelait *le For-le-Roi*. Il y avait à ce For-l'Évêque une charmante chapelle du quatorzième siècle dont le chevet donnait sur la rue. Gringoire
en examinait dévotement les sculptures extérieures. Il était dans un de ces moments de jouissance
égoïste, exclusive, suprême, où l'artiste ne voit
dans le monde que l'art et voit le monde dans l'art.
Tout-à-coup, il sent une main se poser gravement sur son épaule. Il se retourne. C'était son
ancien ami, son ancien maître, monsieur l'archidiacre.

Il resta stupéfait. Il y avait long-temps qu'il
n'avait vu l'archidiacre, et dom Claude était un
de ces hommes solennels et passionnés dont la
rencontre dérange toujours l'équilibre d'un philosophe sceptique.

L'archidiacre garda quelques instants un silence pendant lequel Gringoire eut le loisir de l'observer. Il trouva dom Claude bien changé : pâle comme un matin d'hiver, les yeux caves, les cheveux presque blancs. Ce fut le prêtre qui rompit enfin ce silence en disant, d'un ton tranquille, mais glacial : — Comment vous portez-vous, maître Pierre?

— Ma santé? répondit Gringoire. Eh! eh! on en peut dire ceci et cela. Toutefois l'ensemble est bon. Je ne prends trop de rien. Vous savez, maître, le secret de se bien porter, selon Hippocrates, *id est : cibi, potus, somni, venus, omnia moderata sint.*

—Vous n'avez donc aucun souci, maître Pierre? reprit l'archidiacre en regardant fixement Gringoire.

— Ma foi! non.

— Et que faites-vous maintenant?

— Vous le voyez, mon maître. J'examine la coupe de ces pierres, et la façon dont est fouillé ce bas-relief.

Le prêtre se mit à sourire, de ce sourire amer

qui ne relève qu'une des extrémités de la bouche.
— Et cela vous amuse ?

— C'est le paradis! s'écria Gringoire. Et se
penchant sur les sculptures avec la mine éblouie
d'un démonstrateur de phénomènes vivants :
Est-ce donc que vous ne trouvez pas, par exemple, cette métamorphose de basse-taille exécutée
avec beaucoup d'adresse, de mignardise et de
patience? Regardez cette colonnette. Autour de
quel chapiteau avez-vous vu feuilles plus tendres
et mieux caressées du ciseau? Voici trois rondes-
bosses de Jean Maillevin. Ce ne sont pas les plus
belles œuvres de ce grand génie. Néanmoins, la
naïveté, la douceur des visages, la gaîté des attitudes et des draperies, et cet agrément inexplicable qui se mêle dans tous les défauts, rendent
les figurines bien égayées et bien délicates, peut-
être même trop. — Vous trouvez que ce n'est
pas divertissant ?

— Si fait! dit le prêtre.

— Et si vous voyiez l'intérieur de la chapelle !
reprit le poète avec son enthousiasme bavard.
Partout des sculptures. C'est touffu comme un

cœur de chou ! L'abside est d'une façon fort dé-
vote et si particulière que je n'ai rien vu de même
ailleurs !

Dom Claude l'interrompit : — Vous êtes donc
heureux ?

Gringoire répondit avec feu :

— En honneur, oui ! J'ai d'abord aimé des
femmes, puis des bêtes. Maintenant j'aime des
pierres. C'est tout aussi amusant que les bêtes
et les femmes, et c'est moins perfide.

Le prêtre mit sa main sur son front. C'était
son geste habituel. — En vérité !

— Tenez ! dit Gringoire, on a des jouissances !
Il prit le bras du prêtre qui se laissait aller, et le
fit entrer sous la tourelle de l'escalier du For-
l'Évêque. — Voilà un escalier ! chaque fois que
je le vois, je suis heureux. C'est le degré de la
manière la plus simple et la plus rare de Paris.
Toutes les marches sont par-dessous delardées.
Sa beauté et sa simplicité consistent dans les gi-
rons de l'une et de l'autre, portant un pied ou
environ, qui sont entrelacés, enclavés, emboîtés,
enchaînés, enchâssés, entretaillés l'un dans l'au-

tre , et s'entremordent d'une façon vraiment ferme et gentille !

— Et vous ne désirez rien?

— Non.

— Et vous ne regrettez rien?

— Ni regret ni désir. J'ai arrangé ma vie.

— Ce qu'arrangent les hommes, dit Claude, les choses le dérangent.

— Je suis un philosophe pyrrhonien, répondit Gringoire; et je tiens tout en équilibre.

— Et comment la gagnez-vous, votre vie?

— Je fais encore çà et là des épopées et des tragédies; mais ce qui me rapporte le plus, c'est l'industrie que vous me connaissez, mon maître : porter des pyramides de chaises sur mes dents.

— Le métier est grossier pour un philosophe.

— C'est encore de l'équilibre, dit Gringoire. Quand on a une pensée, on la retrouve en tout.

— Je le sais, répondit l'archidiacre.

Après un silence, le prêtre reprit : — Vous êtes néanmoins assez misérable.

— Misérable, oui; malheureux, non.

En ce moment un bruit de chevaux se fit entendre, et nos deux interlocuteurs virent défiler au bout de la rue une compagnie des archers de l'ordonnance du roi, les lances hautes, l'officier en tête. La cavalcade était brillante, et résonnait sur le pavé.

— Comme vous regardez cet officier ! dit Gringoire à l'archidiacre.

— C'est que je crois le reconnaître.

— Comment le nommez-vous ?

— Je crois, dit Claude, qu'il s'appelle Phœbus de Châteaupers.

— Phœbus ! un nom de curiosité ! Il y a aussi Phœbus, comte de Foix. J'ai souvenir d'avoir connu une fille qui ne jurait que par Phœbus.

— Venez-vous-en, dit le prêtre. J'ai quelque chose à vous dire.

Depuis le passage de cette troupe, quelque agitation perçait sous l'enveloppe glaciale de l'archidiacre. Il se mit à marcher. Gringoire le suivait, habitué à lui obéir, comme tout ce qui avait approché une fois cet homme plein d'ascendant. Ils arrivèrent en silence jusqu'à la rue des Bernardins qui était assez déserte. Dom Claude s'y arrêta.

— Qu'avez-vous à me dire, mon maître? lui demanda Gringoire.

— Est-ce que vous ne trouvez pas, répondit l'archidiacre d'un air de profonde réflexion, que l'habit de ces cavaliers que nous venons de voir est plus beau que le vôtre et que le mien?

Gringoire hocha la tête. — Ma foi! j'aime mieux ma gonelle jaune et rouge que ces écailles de fer et d'acier. Beau plaisir, de faire en marchant le même bruit que le quai de la Ferraille par un tremblement de terre!

— Donc, Gringoire, vous n'avez jamais porté envie à ces beaux fils en hoquetons de guerre?

— Envie de quoi, monsieur l'archidiacre, de leur force, de leur armure, de leur discipline? Mieux valent la philosophie et l'indépendance en guenilles. J'aime mieux être tête de mouche que queue de lion.

— Cela est singulier, dit le prêtre rêveur. Une belle livrée est pourtant belle.

Gringoire, le voyant pensif, le quitta pour aller

admirer le porche d'une maison voisine. Il revint en frappant des mains. — Si vous étiez moins occupé des beaux habits des gens de guerre, monsieur l'archidiacre, je vous prierais d'aller voir cette porte. Je l'ai toujours dit, la maison du sieur Aubry a une entrée la plus superbe du monde.

— Pierre Gringoire, dit l'archidiacre, qu'avez-vous fait de cette petite danseuse égyptienne?

— La Esmeralda? Vous changez bien brusquement de conversation.

— N'était-elle pas votre femme?

— Oui, au moyen d'une cruche cassée. Nous en avions pour quatre ans. — A propos, ajouta Gringoire en regardant l'archidiacre d'un air à demi goguenard, vous y pensez donc toujours?

— Et vous, vous n'y pensez plus?

— Peu. — J'ai tant de choses!.... Mon Dieu, que la petite chèvre était jolie!

— Cette bohémienne ne vous avait-elle pas sauvé la vie?

— C'est, pardieu, vrai.

— Eh bien ! qu'est-elle devenue ? qu'en avez-vous fait ?

— Je ne vous dirai pas. Je crois qu'ils l'ont pendue.

— Vous croyez ?

Je ne suis pas sûr. Quand j'ai vu qu'ils voulaient pendre les gens, je me suis retiré du jeu.

— C'est là tout ce que vous en savez ?

— Attendez donc. On m'a dit qu'elle s'était réfugiée dans Notre-Dame, et qu'elle y était en sûreté, et j'en suis ravi, et je n'ai pu découvrir si la chèvre s'était sauvée avec elle, et c'est tout ce que j'en sais.

— Je vais vous en apprendre davantage, cria dom Claude, et sa voix, jusqu'alors basse, lente et presque sourde, était devenue tonnante. Elle est en effet réfugiée dans Notre-Dame. Mais dans trois jours la justice l'y reprendra, et elle sera pendue en Grève. Il y a arrêt du parlement.

— Voilà qui est fâcheux, dit Gringoire.

Le prêtre, en un clin d'œil, était redevenu froid et calme.

— Et qui diable, reprit le poète, s'est donc

amusé à solliciter un arrêt de réintégration ?
Est-ce qu'on ne pouvait pas laisser le parlement
tranquille ? Qu'est-ce que cela fait qu'une pauvre
fille s'abrite sous les arcs-boutants de Notre-
Dame, à côté des nids d'hirondelle ?

— Il y a des satans dans le monde, répondit
l'archidiacre.

— Cela est diablement mal emmanché, observa Gringoire.

L'archidiacre reprit après un silence : — Donc
elle vous a sauvé la vie ?

— Chez mes bons amis les truandriers. Un
peu plus, un peu moins, j'étais pendu. Ils en se-
raient fâchés aujourd'hui.

— Est-ce que vous ne voulez rien faire pour
elle ?

— Je ne demande pas mieux, dom Claude ;
mais si je vais m'entortiller une vilaine affaire autour du corps !

— Qu'importe !

— Bah ! qu'importe ! Vous êtes bon, vous,
mon maître ! J'ai deux grands ouvrages com-
mencés.

Le prêtre se frappa le front. Malgré le calme qu'il affectait, de temps en temps un geste violent révélait ses convulsions intérieures. — Comment la sauver?

Gringoire lui dit : — Mon maître, je vous répondrai : *Il padelt,* ce qui veut dire en turc : *Dieu est notre espérance.*

— Comment la sauver? répéta Claude rêveur.

Gringoire, à son tour, se frappa le front.

— Écoutez, mon maître, j'ai de l'imagination; je vais vous trouver des expédients. Si on demandait la grâce au roi?

— A Louis XI! une grâce!

— Pourquoi pas?

— Va prendre son os au tigre!

Gringoire se mit à chercher de nouvelles solutions.

— Eh bien! tenez! — Voulez-vous que j'adresse aux matrones une requête avec déclaration que la fille est enceinte?

Cela fit étinceler la creuse prunelle du prêtre.

— Enceinte! drôle! est-ce que tu en sais quelque chose?

Gringoire fut effrayé de son air. Il se hâta de dire : — Oh ! non pas moi ! Notre mariage était un vrai *forismaritagium*. Je suis resté dehors. Mais enfin on obtiendrait un sursis.

— Folie ! infamie ! tais-toi !

— Vous avez tort de vous fâcher, grommela Gringoire. On obtient un sursis ; cela ne fait de mal à personne, et cela fait gagner quarante deniers parisis aux matrones, qui sont de pauvres femmes.

Le prêtre ne l'écoutait pas. — Il faut pourtant qu'elle sorte de là ! murmura-t-il. L'arrêt est exécutoire sous trois jours ! D'ailleurs, il n'y aurait pas d'arrêt ; ce Quasimodo ! Les femmes ont des goûts bien dépravés ! Il haussa la voix : — Maître Pierre, j'y ai bien réfléchi ; il n'y a qu'un moyen de salut pour elle.

— Lequel ? moi, je n'en vois plus.

— Écoutez, maître Pierre, souvenez-vous que vous lui devez la vie. Je vais vous dire franchement mon idée. L'église est guettée jour et nuit ; on n'en laisse sortir que ceux qu'on y a vus entrer. Vous pourrez donc entrer. Vous viendrez.

Je vous introduirai près d'elle. Vous changerez d'habits avec elle. Elle prendra votre pourpoint; vous prendrez sa jupe.

— Cela va bien jusqu'à présent, observa le philosophe. Et puis?

— Et puis? Elle sortira avec vos habits; vous resterez avec les siens. On vous pendra peut-être; mais elle sera sauvée.

Gringoire se gratta l'oreille avec un air très-sérieux.

— Tiens! dit-il, voilà une idée qui ne me serait jamais venue toute seule.

A la proposition inattendue de dom Claude, la figure ouverte et bénigne du poète s'était brusquement rembrunie, comme un riant paysage d'Italie quand il survient un coup de vent malencontreux qui écrase un nuage sur le soleil.

— Hé bien! Gringoire, que dites-vous du moyen?

— Je dis, mon maître, qu'on ne me pendra pas peut-être, mais qu'on me pendra indubitablement.

— Cela ne nous regarde pas.

— La peste ! dit Gringoire.

— Elle vous a sauvé la vie. C'est une dette que vous payez.

— Il y en a bien d'autres que je ne paie pas !

— Maître Pierre, il le faut absolument.

L'archidiacre parlait avec empire.

— Écoutez, dom Claude, répondit le poète tout consterné. Vous tenez à cette idée, et vous avez tort. Je ne vois pas pourquoi je me ferais pendre à la place d'un autre.

— Qu'avez-vous donc tant qui vous attache à la vie ?

— Ah ! mille raisons.

— Lesquelles, s'il vous plaît ?

— Lesquelles ? L'air, le ciel, le matin, le soir, le clair de lune, mes bons amis les truands, nos gorges-chaudes avec les vilotières, les belles architectures de Paris à étudier, trois gros livres à faire, dont un contre l'évêque et ses moulins ; que sais-je, moi ? Anaxagoras disait qu'il était au monde pour admirer le soleil. Et puis, j'ai le bonheur de passer toutes mes journées, du matin au soir, avec un homme de génie, qui est moi, et c'est fort agréable.

— Tête à faire un grelot! grommela l'archidiacre. — Eh! parle, cette vie que tu te fais si charmante, qui te l'a conservée? A qui dois-tu de respirer cet air, de voir ce ciel, et de pouvoir encore amuser ton esprit d'alouette de billevesées et de folies? Sans elle, où serais-tu? Tu veux donc qu'elle meure, elle par qui tu es vivant? qu'elle meure, cette créature, belle, douce, adorable, nécessaire à la lumière du monde, plus divine que Dieu; tandis que toi, demi-sage et demi-fou, vaine ébauche de quelque chose, espèce de végétal qui crois marcher et qui crois penser, tu continueras à vivre avec la vie que tu lui as volée, aussi inutile qu'une chandelle en plein midi? Allons, un peu de pitié, Gringoire; sois généreux à ton tour; c'est elle qui a commencé.

Le prêtre était véhément. Gringoire l'écouta d'abord avec un air indéterminé, puis il s'attendrit, et finit par faire une grimace tragique qui fit ressembler sa blême figure à celle d'un nouveau-né qui a la colique.

— Vous êtes pathétique ! dit-il en essuyant une larme. — Hé bien ! j'y réfléchirai. — C'est une drôle d'idée que vous avez eue là. — Après tout, poursuivit-il après un silence, qui sait ? peut-être ne me pendront-ils pas. N'épouse pas toujours qui fiance. Quand ils me trouveront dans cette logette, si grotesquement affublé, en jupe et en coiffe, peut-être éclateront-ils de rire.

— Et puis, s'ils me pendent, eh bien ! la corde, c'est une mort comme une autre, ou , pour mieux dire, ce n'est pas une mort comme une autre. C'est une mort digne du sage qui a oscillé toute sa vie, une mort qui n'est ni chair ni poisson , comme l'esprit du véritable sceptique, une mort toute empreinte de pyrrhonisme et d'hésitation, qui tient le milieu entre le ciel et la terre, qui vous laisse en suspens. C'est une mort de philosophe, et j'y étais prédestiné peut-être. Il est magnifique de mourir comme on a vécu.

Le prêtre l'interrompit : — Est-ce convenu ?

— Qu'est-ce que la mort, à tout prendre ? poursuivit Gringoire avec exaltation. Un mauvais moment, un péage, le passage de peu de chose à rien. Quelqu'un ayant demandé à Cercidas, mégalopolitain, s'il mourrait volontiers : Pourquoi non? répondit-il; car après ma mort je verrai ces grands hommes, Pythagoras entre les philosophes, Hecatæus entre les historiens, Homère entre les poètes, Olympe entre les musiciens.

L'archidiacre lui présenta la main. — Donc c'est dit? vous viendrez demain.

Ce geste ramena Gringoire au positif.

— Ah! ma foi, non! dit-il du ton d'un homme qui se réveille. Être pendu! c'est trop absurde. Je ne veux pas.

— Adieu alors! Et l'archidiacre ajouta entre ses dents : Je te retrouverai!

— Je ne veux pas que ce diable d'homme me retrouve, pensa Gringoire, et il courut après dom Claude.

— Tenez, monsieur l'archidiacre, pas d'humeur entre vieux amis! Vous vous intéressez à cette fille, à ma femme, veux-je dire, c'est bien. Vous avez imaginé un stratagème pour la faire sortir sauve de Notre-Dame, mais votre moyen

est extrêmement désagréable pour moi Gringoire.
— Si j'en avais un autre, moi! — Je vous préviens qu'il vient de me survenir à l'instant une inspiration très-lumineuse. — Si j'avais une idée expédiente pour la tirer du mauvais pas sans compromettre mon cou avec le moindre nœud coulant? qu'est-ce que vous diriez? cela ne vous suffirait-il point? Est-il absolument nécessaire que je sois pendu pour que vous soyez content?

Le prêtre arrachait d'impatience les boutons de sa soutane. — Ruisseau de paroles! — Quel est ton moyen?

—Oui, reprit Gringoire se parlant à lui-même et touchant son nez avec son index en signe de méditation, — c'est cela! — Les truands sont de braves fils. — La tribu d'Égypte l'aime! — Ils se lèveront au premier mot! — Rien de plus facile! — Un coup de main. — A la faveur du désordre, on l'enlèvera aisément! — Dès demain soir... — Ils ne demanderont pas mieux.

— Le moyen! parle! dit le prêtre en le secouant.

Gringoire se tourna majestueusement vers lui:

— Laissez-moi donc ! vous voyez bien que je compose. Il réfléchit encore quelques instants, puis il se mit à battre des mains à sa pensée en criant : — Admirable ! réussite sûre !

— Le moyen ! reprit Claude en colère. Gringoire était radieux.

— Venez, que je vous dise cela tout bas. C'est une contre-mine vraiment gaillarde et qui nous tire tous d'affaire. Pardieu ! il faut convenir que je ne suis pas un imbécile !

Il s'interrompit : — Ah çà ! la petite chèvre est-elle avec la fille ?

— Oui. Que le diable t'emporte !

— C'est qu'ils l'auraient pendue aussi ; n'est-ce pas ?

— Qu'est-ce que cela me fait ?

— Oui, ils l'auraient pendue. Ils ont bien pendu une truie le mois passé. Le bourrel aime cela ; il mange la bête après. Pendre ma jolie Djali ! Pauvre petit agneau !

— Malédiction ! s'écria dom Claude. Le bourreau, c'est toi. Quel moyen de salut as-tu donc trouvé, drôle? faudra-t-il t'accoucher ton idée avec le forceps?

— Tout beau, maître! voici.

Gringoire se pencha à l'oreille de l'archidiacre, et lui parla très-bas, en jetant un regard inquiet d'un bout à l'autre de la rue, où il ne passait pourtant personne. Quand il eut fini, dom Claude lui prit la main et lui dit froidement : — C'est bon. A demain.

— A demain, répéta Gringoire. Et tandis que l'archidiacre s'éloignait d'un côté, il s'en alla de l'autre en se disant à demi-voix : — Voilà une fière affaire, monsieur Pierre Gringoire. N'importe; il n'est pas dit, parce qu'on est petit, qu'on s'effraiera d'une grande entreprise. Biton porta un grand taureau sur ses épaules; les hochequeues, les fauvettes et les traquets traversent l'Océan.

II

FAITES-VOUS TRUAND.

L'archidiacre, en rentrant au cloître, trouva à la porte de sa cellule son frère Jehan du Moulin qui l'attendait et qui avait charmé les ennuis de l'attente en dessinant avec un charbon sur le mur un profil de son frère aîné , enrichi d'un nez démesuré.

Dom Claude regarda à peine son frère ; il avait d'autres songes. Ce joyeux visage de vaurien, dont le rayonnement avait tant de fois rasséréné la sombre physionomie du prêtre, était maintenant impuissant à fondre la brume qui s'épaississait chaque jour davantage sur cette âme corrompue, méphitique et stagnante.

— Mon frère, dit timidement Jehan, je viens vous voir.

L'archidiacre ne leva seulement pas les yeux sur lui. — Après ?

— Mon frère, reprit l'hypocrite, vous êtes si bon pour moi, et vous me donnez de si bons conseils que je reviens toujours à vous.

— Ensuite ?

— Hélas ! mon frère, c'est que vous aviez bien raison quand vous me disiez : — Jehan ! Jehan ! *cessat doctorum doctrina, discipulorum disciplina.* Jehan, soyez sage, Jehan, soyez docte. Jehan, ne pernoctez pas hors le collége sans occasion légitime et congé du maître. Ne battez pas les Picards : *noli, Joannes, verberare Picardos.* Ne pourrissez pas comme un âne illétré , *quasi asinus illiteratus ,* sur le feurre de l'école. Jehan , laissez-vous punir à la discrétion du maître. Jehan, allez tous les soirs à la chapelle, et chantez-y une antienne avec verset et oraison à madame la glorieuse vierge Marie. Hélas! que c'étaient là de très-excellents avis!

— Et puis?

— Mon frère , vous voyez un coupable, un criminel, un misérable, un libertin, un homme énorme ! Mon cher frère , Jehan a fait de vos gracieux conseils paille et fumier à fouler aux pieds. J'en suis bien châtié , et le bon Dieu est extraordinairement juste. Tant que j'ai eu de l'argent, j'ai fait ripaille , folie et vie joyeuse. Oh ! que la débauche , si charmante de face, est laide et rechignée par derrière ! Maintenant je n'ai plus un blanc; j'ai vendu ma nappe , ma chemise et ma touaille; plus de joyeuse vie ! la belle chandelle est éteinte , et je n'ai plus que la vilaine mèche de suif qui me fume dans le nez. Les filles se moquent de moi. Je bois de l'eau. Je suis bourrelé de remords et de créanciers.

— Le reste? dit l'archidiacre.

— Hélas! très-cher frère, je voudrais bien me ranger à une meilleure vie. Je viens à vous, plein de contrition. Je suis pénitent. Je me confesse. Je me frappe la poitrine à grands coups de poing. Vous avez bien raison de vouloir que je devienne un jour licencié et sous-moniteur du collége de Torchi. Voici que je me sens à présent une vocation magnifique pour cet état. Mais je n'ai plus d'encre, il faut que j'en rachète; je n'ai plus de plumes, il faut que j'en rachète; je n'ai plus de papier, je n'ai plus de livres, il faut que j'en rachète. J'ai grand besoin pour cela d'un peu de finance, et je viens à vous, mon frère, le cœur plein de contrition.

— Est-ce tout?

— Oui, dit l'écolier. Un peu d'argent.

— Je n'en ai pas.

L'écolier dit alors d'un air grave et résolu en même temps : — Eh bien! mon frère, je suis fâché d'avoir à vous dire qu'on me fait d'autre part, de très-belles offres et propositions. Vous ne voulez pas me donner d'argent? — Non? — En ce cas, je vais me faire truand.

En prononçant ce mot monstrueux, il prit une mine d'Ajax, s'attendant à voir tomber la foudre sur sa tête.

L'archidiacre lui dit froidement : — Faites-vous truand.

Jehan le salua profondément et redescendit l'escalier du cloître en sifflant.

Au moment où il passait dans la cour du cloître, sous la fenêtre de la cellule de son frère, il entendit cette fenêtre s'ouvrir, leva le nez et vit passer par l'ouverture la tête sévère de l'archidiacre. — Va-t'en au diable! disait dom Claude; voici le dernier argent que tu auras de moi.

En même temps, le prêtre jeta à Jehan une bourse qui fit à l'écolier une grosse bosse au front, et dont Jehan s'en alla à la fois fâché et content, comme un chien qu'on lapiderait avec des os à moelle.

III

VIVE LA JOIE !

—

Le lecteur n'a peut-être pas oublié qu'une
partie de la Cour des Miracles était enclose par
l'ancien mur d'enceinte de la ville, dont bon
nombre de tours commençaient, dès cette époque, à tomber en ruines. L'une de ces tours
avait été convertie en lieu de plaisir par les

truands. Il y avait cabaret dans la salle basse, et le reste dans les étages supérieurs. Cette tour était le point le plus vivant et par conséquent le plus hideux de la truanderie. C'était une sorte de ruche monstrueuse qui y bourdonnait nuit et jour. La nuit, quand tout le surplus de la gueuserie dormait, quand il n'y avait plus une fenêtre allumée sur les façades-terreuses de la place, quand on n'entendait plus sortir un cri de ces innombrables maisonnées, de ces fourmilières de voleurs, de filles et d'enfants volés ou bâtards, on reconnaissait toujours la joyeuse tour au bruit qu'elle faisait, à la lumière écarlate qui, rayonnant à la fois aux soupiraux, aux fenêtres, aux fissures des murs lézardés, s'échappait pour ainsi dire de tous ses pores.

La cave était donc le cabaret. On y descendait par une porte basse et par un escalier aussi roide qu'un alexandrin classique. Sur la porte, il y avait en guise d'enseigne un merveilleux barbouillage représentant des sols neufs et des poulets tués, avec ce calembourg au-dessous : *Aux sonneurs pour les trépassés.*

Un soir, au moment où le couvre-feu sonnait à tous les beffrois de Paris, les sergents du guet, s'il leur eût été donné d'entrer dans la redoutable Cour des Miracles, auraient pu remarquer qu'il se faisait dans la taverne des truands plus de tumulte encore qu'à l'ordinaire, qu'on y buvait plus et qu'on y jurait mieux. Au dehors, il y avait dans la place force groupes qui s'entretenaient à voix basse, comme lorsqu'il se trame un grand dessein, et çà et là un drôle accroupi qui aiguisait une méchante lame de fer sur un pavé.

Cependant dans la taverne même, le vin et le jeu étaient une si puissante diversion aux idées qui occupaient ce soir-là la truanderie qu'il eût été difficile de deviner aux propos des buveurs de quoi il s'agissait. Seulement ils avaient l'air plus gai que de coutume, et on leur voyait à tous reluire quelque arme entre les jambes, une serpe, une cognée, un gros estramaçon ou le croc d'une vieille hacquebute.

La salle, de forme ronde, était très-vaste; mais les tables étaient si pressées et les buveurs si nombreux, que tout ce que contenait la taverne, hommes, femmes, bancs, cruches à bière, ce qui buvait, ce qui dormait, ce qui jouait, les bien-portants, les éclopés, semblaient entassés pêle-mêle avec autant d'ordre et d'harmonie qu'un tas d'écailles d'huîtres. Il y avait quelques suifs allumés sur les tables; mais le véritable luminaire de la taverne, ce qui remplissait dans le cabaret le rôle du lustre dans une salle d'opéra, c'était le feu. Cette cave était si humide qu'on n'y laissait jamais éteindre la cheminée, même en plein été; une cheminée immense à manteau sculpté, toute hérissée de lourds chenets de fer et d'appareils de cuisine, avec un de ces gros feux mêlés de bois et de tourbe qui, la nuit, dans les rues de village, font saillir si rouge sur les murs d'en face le spectre des fenêtres de forge. Un grand chien, gravement assis dans la cendre, tournait devant la braise une broche chargée de viandes.

Quelle que fût la confusion, après le premier coup d'œil, on pouvait distinguer dans cette multitude trois groupes principaux, qui se pressaient autour de trois personnages que le lecteur

connaît déjà. L'un de ces personnages , bizarrement accoutré de maint oripeau oriental , était
Mathias Hungadi Spicali , duc d'Égypte et de
Bohême. Le maraud était assis sur une table , les
jambes croisées , le doigt en l'air, et faisait d'une
voix haute distribution de sa science en magie
blanche et noire à mainte face béante qui l'entourait. Une autre cohue s'épaississait autour de
notre ancien ami , le vaillant roi de Thunes ,
armé jusqu'aux dents. Clopin Trouillefou , d'un
air très-sérieux et à voix basse , réglait le pillage
d'une énorme futaille pleine d'armes, largement
défoncée devant lui , d'où se dégorgeaient en
foule , haches , épées , bassinets , cottes de mail-
les , platers , fers de lance et d'archegayes , sagettes et viretons , comme pommes et raisins
d'une corne d'abondance. Chacun prenait au tas ,
qui le morion, qui l'estoc , qui la miséricorde à
poignée en croix. Les enfants eux-mêmes s'ar-
maient, et il y avait jusqu'à des culs-de-jattes qui,
bardés et cuirassés , passaient entre les jambes
des buveurs comme de gros scarabées.

Enfin un troisième auditoire , le plus bruyant,

le plus jovial et le plus nombreux, encombrait les bancs et les tables au milieu desquels pérorait et jurait une voix en flûte qui s'échappait de dessous une pesante armure complète du casque aux éperons. L'individu qui s'était ainsi vissé une panoplie sur le corps disparaissait tellement sous l'habit de guerre qu'on ne voyait plus de sa personne qu'un nez effronté, rouge, retroussé, une boucle de cheveux blonds, une bouche rose et des yeux hardis. Il avait la ceinture pleine de dagues et de poignards, une grande épée au flanc, une arbalète rouillée à sa gauche, et un vaste broc de vin devant lui, sans compter à sa droite une épaisse fille débraillée. Toutes les bouches à l'entour de lui riaient, sacraient et buvaient.

Qu'on ajoute vingt groupes secondaires, les filles et les garçons de service courant avec des brocs en tête, les joueurs accroupis sur les billes, sur les merelles, sur les dés, sur les vachettes, sur le jeu passionné du tringlet, les querelles dans un coin, les baisers dans l'autre, et l'on aura quelque idée de cet ensemble, sur lequel vacillait la clarté d'un grand feu flambant, qui faisait danser sur les murs du cabaret mille ombres démesurées et grotesques.

Quant au bruit, c'était l'intérieur d'une cloche en grande volée.

La lèchefrite, où pétillait une pluie de graisse, emplissait de son glapissement continu les intervalles de ces mille dialogues, qui se croisaient d'un bout à l'autre de la salle.

Il y avait parmi ce vacarme, au fond de la taverne, sur le banc intérieur de la cheminée, un philosophe qui méditait, les pieds dans la cendre et l'œil sur les tisons. C'était Pierre Gringoire.

— Allons, vîte ! dépêchons, armez-vous ! on se met en marche dans une heure ! disait Clopin Trouillefou à ses argotiers.

Une fille fredonnait :

> Bonsoir, mon père et ma mère,
> Les derniers couvrent le feu.

Deux joueurs de cartes se disputaient. — Valet ! criait le plus empourpré des deux, en montrant le poing à l'autre, je vais te marquer au trèfle. Tu pourras remplacer Mistigri dans le jeu de cartes de monseigneur le roi !

— Ouf ! hurlait un Normand, reconnaissable à son accent nasillard ; on est ici tassé comme les saints de Caillouville !

— Fils, disait à son auditoire le duc d'Égypte, parlant en fausset, les sorcières de France vont au sabbat sans balai, ni graisse, ni monture, seulement avec quelques paroles magiques. Les sorcières d'Italie ont toujours un bouc qui les attend à leur porte. Toutes sont tenues de sortir par la cheminée.

La voix du jeune drôle armé de pied en cap dominait le brouhaha. — Noël ! Noël ! criait-il. Mes premières armes aujourd'hui ! truand ! je suis truand, ventre de Christ ! versez-moi à boire ! — Mes amis, je m'appelle Jehan Frollo du Moulin, et je suis gentilhomme. Je suis d'avis que, si Dieu était gendarme, il se ferait pillard. Frères, nous allons faire une belle expédition. Nous sommes des vaillants. Assiéger l'église, en-foncer les portes, en tirer la belle fille, la sauver des juges, la sauver des prêtres, démanteler le

cloître, brûler l'évêque dans l'évêché, nous ferons cela en moins de temps qu'il n'en faut à un
bourgmestre pour manger une cuillerée de soupe.
Notre cause est juste, nous pillerons Notre-Dame,
et tout sera dit. Nous pendrons Quasimodo. Con-
naissez-vous Quasimodo, mesdamoiselles? L'a-
vez-vous vu s'essouffler sur le bourdon un jour
de grande Pentecôte? Corne-du-Père! c'est très-
beau! on dirait un diable à cheval sur une gueule.
—Mes amis, écoutez-moi, je suis truand au
fond du cœur, je suis argotier dans l'âme, je
suis né cagou. J'ai été très-riche, et j'ai mangé
mon bien. Ma mère voulait me faire officier,
mon père sous-diacre, ma tante conseiller aux
enquêtes, ma grand'mère protonotaire du roi,
ma grand'tante trésorier de robe courte; moi,
je me suis fait truand. J'ai dit cela à mon père,
qui m'a craché sa malédiction au visage, à ma
mère, qui s'est mise, la vieille dame, à pleurer
et à baver comme cette bûche sur ce chenet.
Vive la joie! je suis un vrai Bicêtre! Tavernière,
ma mie, d'autre vin! j'ai encore de quoi payer.
Je ne veux plus de vin de Surène. Il me chagrine

le gosier. J'aimerais autant, corbœuf ! me gargariser d'un panier !

Cependant la cohue applaudissait avec des éclats de rire ; et voyant que le tumulte redoublait autour de lui, l'écolier s'écria : — Oh ! le beau bruit ! *Populi debacchantis populosa debacchatio !* Alors il se mit à chanter, l'œil comme noyé dans l'extase, du ton d'un chanoine qui entonne vêpres : — *Quæ cantica ! quæ organa ! quæ cantilenæ ! quæ melodiæ hic sine fine decantantur ! sonant melliflua hymnorum organa, suavissima angelorum melodia, cantica canticorum mira !....* Il s'interrompit : — Buvetière du diable, donne-moi à souper.

Il y eut un moment de quasi-silence pendant lequel s'éleva à son tour la voix aigre du duc d'Égypte, enseignant ses bohémiens : — La belette s'appelle Aduine, le renard Piedbleu ou le Coureur-des-bois, le loup Pied-gris ou Pied-doré, l'ours le Vieux ou le Grand-père. — Le bonnet d'un gnome rend invisible, et fait voir les choses invisibles. — Tout crapaud qu'on baptise doit être vêtu de velours rouge ou noir, une sonnette au cou, une sonnette aux pieds. Le parrain tient la tête, la marraine le derrière. — C'est le démon Sidragasum qui a le pouvoir de faire danser les filles toutes nues.

— Par la messe ! interrompit Jehan, je voudrais être le démon Sidragasum.

Cependant les truands continuaient de s'armer en chuchotant à l'autre bout du cabaret.

— Cette pauvre Esmeralda ! disait un bohémien. — C'est notre sœur. — Il faut la retirer de là.

— Est-elle donc toujours à Notre-Dame ? reprenait un marcandier à mine de juif.

— Oui, pardieu !

— Hé bien, camarades ! s'écriait le marcandier, à Notre-Dame ! D'autant mieux qu'il y a à la chapelle des saints Féréol et Ferrution deux statues, l'une de saint Jean-Baptiste, l'autre de saint Antoine, toutes d'or, pesant ensemble dix-sept marcs d'or et quinze estellins, et les sous-pieds d'argent doré dix-sept marcs cinq onces. Je sais cela ; je suis orfévre.

Ici on servit à Jehan son souper. Il s'écria, en

s'étalant sur la gorge de la fille sa voisine : —
Par saint Voult-de-Lucques, que le peuple appelle saint Goguelu, je suis parfaitement heureux. J'ai là devant moi un imbécile qui me regarde avec la mine glabre d'un archiduc. En voici
un à ma gauche qui a les dents si longues qu'elles
lui cachent le menton. Et puis, je suis comme le
maréchal de Gié au siége de Pontoise, j'ai ma
droite appuyée à un mamelon. — Ventre-Mahom!
camarade! tu as l'air d'un marchand d'esteufs,
et tu viens t'asseoir auprès de moi! Je suis noble,
l'ami. La marchandise est incompatible avec la
noblesse. Va-t'en de là. — Holahée! vous autres!
ne vous battez pas! Comment, Baptiste Croque-
Oison, toi qui as un si beau nez, tu vas le risquer contre les gros poings de ce butor! Imbécile! *Non cuiquam datum est habere nasum.* —
Tu es vraiment divine, Jacqueline Ronge-Oreille!
c'est dommage que tu n'aies pas de cheveux. —
Holà! je m'appelle Jehan Frollo, et mon frère
est archidiacre. Que le diable l'emporte! Tout ce
que je vous dis est la vérité. En me faisant truand,
j'ai renoncé de gaîté de cœur à la moitié d'une

maison située dans le paradis, que mon frère
m'avait promise. *Dimidiam domum in paradiso.*
Je cite le texte. J'ai un fief rue Tirechappe, et
toutes les femmes sont amoureuses de moi, aussi
vrai qu'il est vrai que saint Éloy était un excel-
lent orfévre, et que les cinq métiers de la bonne
ville de Paris sont les tanneurs, les mégissiers,
les baudroyeurs, les boursiers et les sueurs, et
que saint Laurent a été brûlé avec des coquilles
d'œufs. Je vous jure, camarades,

> Que je ne beuvrai de piment
> Devant un an, si je cy ment!

— Ma charmante, il fait clair de lune; regarde
donc là-bas, par le soupirail, comme le vent chif-
fonne les nuages! Ainsi je fais ta gorgerette. —
Les filles! mouchez les enfants et les chandelles.
— Christ et Mahom! qu'est-ce que je mange là,
Jupiter! Ohé! la matrulle! les cheveux qu'on ne
trouve pas sur la tête de tes ribaudes, on les retrouve dans tes omelettes. La vieille! j'aime les
omelettes chauves. Que le diable te fasse camue!

— Belle hôtellerie de Belzébuth , où les ribaudes se peignent avec les fourchettes !

Cela dit, il brisa son assiette sur le pavé et se mit à chanter à tue-tête :

> Et je n'ai, moi,
> Par la sang-Dieu !
> Ni foi, ni loi,
> Ni feu, ni lieu,
>   Ni roi,
>   Ni Dieu !

Cependant Clopin Trouillefou avait fini sa distribution d'armes. Il s'approcha de Gringoire, qui paraissait plongé dans une profonde rêverie, les pieds sur un chenet. — L'ami Pierre, dit le roi de Thunes, à quoi diable penses-tu ?

Gringoire se retourna vers lui avec un sourire mélancolique : — J'aime le feu , mon cher seigneur. Non par la raison triviale que le feu réchauffe nos pieds ou cuit notre soupe, mais parce qu'il a des étincelles. Quelquefois je passe des heures à regarder les étincelles. Je découvre mille choses dans ces étoiles qui saupoudrent le fond noir de l'âtre. Ces étoiles-là aussi sont des mondes.

— Tonnerre si je te comprends ! dit le truand. Sais-tu quelle heure il est?

— Je ne sais pas, répondit Gringoire.

Clopin s'approcha alors du duc d'Egypte.

— Camarade Mathias, le quart d'heure n'est pas bon. On dit le roi Louis onzième à Paris.

— Raison de plus pour lui tirer notre sœur des griffes, répondit le vieux bohémien.

— Tu parles en homme, Mathias, dit le roi de Thunes. D'ailleurs nous ferons lestement. Pas de résistance à craindre dans l'église. Les chanoines sont des lièvres, et nous sommes en force. Les gens du parlement seront bien attrapés demain quand ils viendront la chercher ! Boyaux du pape ! je ne veux pas qu'on pende la jolie fille !

Clopin sortit du cabaret.

Pendant ce temps-là, Jehan s'écriait d'une voix enrouée : — Je bois, je mange, je suis ivre, je suis Jupiter ! — Eh ! Pierre-l'Assommeur, si tu me regardes encore comme cela, je vais t'épousseter le nez avec des chiquenaudes.

De son côté, Gringoire, arraché de ses médi-
tations, s'était mis à considérer la scène fou-
gueuse et criarde qui l'environnait en murmu-
rant entre ses dents : *Luxuriosa res vinum et
tumultuosa ebrietas.* Hélas! que j'ai bien raison
de ne pas boire, et que saint Benoît dit excellemment : *Vinum apostatare facit etiam sapientes.*

En ce moment Clopin rentra et cria d'une voix
de tonnerre : Minuit!

A ce mot, qui fit l'effet du boute-selle sur un
régiment en halte, tous les truands, hommes,
femmes, enfants, se précipitèrent en foule hors
de la taverne avec un grand bruit d'armes et de
ferrailles.

La lune s'était voilée.

La Cour des Miracles était tout-à-fait obscure.
Il n'y avait pas une lumière. Elle était pourtant
loin d'être déserte. On y distinguait une foule
d'hommes et de femmes qui se parlaient bas. On
les entendait bourdonner, et l'on voyait reluire
toutes sortes d'armes dans les ténèbres. Clopin
monta sur une grosse pierre. — A vos rangs,
l'Argot! cria-t-il. A vos rangs, l'Égypte! A vos

rangs, Galilée! Un mouvement se fit dans l'ombre. L'immense multitude parut se former en colonne. Après quelques minutes le roi de Thunes éleva encore la voix : Maintenant silence pour traverser Paris! Le mot de passe est : *Petite flambe en baguenaud!* On n'allumera les torches qu'à Notre-Dame! En marche!

Dix minutes après, les cavaliers du guet s'enfuyaient épouvantés devant une longue procession d'hommes noirs et silencieux qui descendait vers le Pont-au-Change, à travers les rues tortueuses qui percent en tous sens le massif quartier des halles.

UN MALADROIT AMI.

IV

UN MALADROIT AMI.

Cette même nuit, Quasimodo ne dormait pas.
Il venait de faire sa dernière ronde dans l'église.
Il n'avait pas remarqué, au moment où il en fermait les portes, que l'archidiacre était passé près
de lui et avait témoigné quelque humeur en le
voyant verrouiller et cadenasser avec soin l'é-

norme armature de fer qui donnait à leurs larges battants la solidité d'une muraille. Dom Claude avait l'air encore plus préoccupé qu'à l'ordinaire. Du reste, depuis l'aventure nocturne de la cellule, il maltraitait constamment Quasimodo; mais il avait beau le rudoyer, le frapper même quelquefois, rien n'ébranlait la soumission, la patience, la résignation dévouée du fidèle sonneur. De la part de l'archidiacre il souffrait tout, injures, menaces, coups, sans murmurer un reproche, sans pousser une plainte. Tout au plus le suivait-il des yeux avec inquiétude quand dom Claude montait l'escalier de la tour, mais l'archidiacre s'était de lui-même abstenu de reparaître aux yeux de l'égyptienne.

Cette nuit-là donc, Quasimodo, après avoir donné un coup d'œil à ses pauvres cloches si délaissées, à Jacqueline, à Marie, à Thibaud, était monté jusque sur le sommet de la tour septentrionale, et là, posant sur les plombs sa lanterne sourde bien fermée, il s'était mis à regarder Paris. La nuit, nous l'avons déjà dit, était fort obscure. Paris, qui n'était, pour ainsi dire, pas

éclairé à cette époque, présentait à l'œil un amas
confus de masses noires, coupé çà et là par la
courbe blanchâtre de la Seine. Quasimodo n'y
voyait plus de lumière qu'à une fenêtre d'un édifice éloigné dont le vague et sombre profil se
dessinait bien au-dessus des toits, du côté de la
Porte-Saint-Antoine. Là aussi il y avait quelqu'un
qui veillait.

Tout en laissant flotter dans cet horizon de
brume et de nuit son unique regard, le sonneur
sentait au dedans de lui-même une inexprimable
inquiétude. Depuis plusieurs jours il était sur
ses gardes. Il voyait sans cesse rôder autour de
l'église des hommes à mine sinistre qui ne quit-
taient pas des yeux l'asile de la jeune fille. Il songeait qu'il se tramait peut-être quelque complot
contre la malheureuse réfugiée. Il se figurait
qu'il y avait une haine populaire sur elle comme
il y en avait une sur lui, et qu'il se pourrait bien
qu'il arrivât bientôt quelque chose. Aussi se te-
nait-il sur son clocher, aux aguets, *rêvant dans
son rêvoir*, comme dit Rabelais, l'œil tour à tour
sur la cellule et sur Paris, faisant sûre garde.

comme un bon chien, avec mille défiances dans l'esprit.

Tout-à-coup, tandis qu'il scrutait la grande ville de cet œil que la nature, par une sorte de compensation, avait fait si perçant qu'il pouvait presque suppléer aux autres organes qui manquaient à Quasimodo, il lui parut que la silhouette du quai de la Vieille-Pelleterie avait quelque chose de singulier, qu'il y avait un mouvement sur ce point, que la ligne du parapet détachée en noir sur la blancheur de l'eau n'était pas droite et tranquille semblablement à celle des autres quais, mais qu'elle ondulait au regard comme les vagues d'un fleuve ou comme les têtes d'une foule en marche.

Cela lui parut étrange. Il redoubla d'attention. Le mouvement semblait venir vers la Cité. Aucune lumière d'ailleurs. Il dura quelque temps sur le quai; puis il s'écoula peu à peu, comme si ce qui passait entrait dans l'intérieur de l'île; puis il cessa tout-à-fait, et la ligne du quai redevint droite et immobile.

Au moment où Quasimodo s'épuisait en conjectures, il lui sembla que le mouvement reparaissait dans la rue du Parvis qui se prolonge dans la Cité perpendiculairement à la façade de Notre-Dame. Enfin, si épaisse que fût l'obscurité, il vit une tête de colonne déboucher par cette rue, et en un instant se répandre dans la place une foule dont on ne pouvait rien distinguer dans les ténèbres, sinon que c'était une foule.

Ce spectacle avait sa terreur. Il est probable que cette procession singulière, qui semblait si intéressée à se dérober sous une profonde obscurité, ne gardait pas un silence moins profond. Cependant un bruit quelconque devait s'en échapper, ne fût-ce qu'un piétinement. Mais ce bruit n'arrivait même pas à notre sourd, et cette grande multitude, dont il voyait à peine quelque chose, et dont il n'entendait rien, s'agitant et marchant néanmoins si près de lui, lui faisait l'effet d'une cohue de morts, muette, impalpable, perdue dans une fumée. Il lui semblait voir s'avancer vers lui un brouillard plein d'hommes, voir remuer des ombres dans l'ombre.

Alors ses craintes lui revinrent, l'idée d'une tentative contre l'égyptienne se représenta à son esprit. Il sentit confusément qu'il approchait d'une situation violente. En ce moment critique, il tint conseil en lui-même avec un raisonnement meilleur et plus prompt qu'on ne l'eût attendu d'un cerveau si mal organisé. Devait-il éveiller l'égyptienne? la faire évader? Par où? les rues étaient investies, l'église était acculée à la rivière. Pas de bateau! pas d'issue! — Il n'y avait qu'un parti : se faire tuer au seuil de Notre-Dame, résister du moins jusqu'à ce qu'il vînt un secours, s'il en devait venir, et ne pas troubler le sommeil de la Esmeralda. La malheureuse serait toujours éveillée assez tôt pour mourir. Cette résolution une fois arrêtée, il se mit à examiner l'*ennemi* avec plus de tranquillité.

La foule semblait grossir à chaque instant dans le parvis. Seulement il présuma qu'elle ne devait faire que fort peu de bruit, puisque les fenêtres des rues et de la place restaient fermées. Tout-à-coup une lumière brilla, et en un instant sept ou huit torches allumées se promenèrent sur

les têtes, en secouant dans l'ombre leurs touffes
de flammes. Quasimodo vit alors distinctement
moutonner dans le parvis un effrayant troupeau
d'hommes et de femmes en haillons, armés de
faux, de piques, de serpes, de pertuisanes dont
les mille pointes étincelaient. Çà et là, des fourches noires faisaient des cornes à ces faces hideuses. Il se ressouvint vaguement de cette populace, et crut reconnaître toutes les têtes qui
l'avaient, quelques mois auparavant, salué pape
des fous. Un homme, qui tenait une torche d'une
main et une boullaye de l'autre, monta sur une
borne et parut haranguer. En même temps l'é-
trange armée fit quelques évolutions, comme si
elle prenait poste autour de l'église. Quasimodo
ramassa sa lanterne et descendit sur la plate-
forme d'entre les tours pour voir de plus près,
et aviser aux moyens de défense.

Clopin Trouillefou, arrivé devant le haut portail de Notre-Dame, avait en effet rangé sa troupe
en bataille. Quoiqu'il ne s'attendît à aucune résistance, il voulait, en général prudent, conser-
ver un ordre qui lui permît de faire front, au

besoin, contre une attaque subite du guet ou des onze-vingts. Il avait donc échelonné sa brigade de telle façon que, vue de haut et de loin, vous eussiez dit le triangle romain de la bataille d'Ecnome, la tête-de-porc d'Alexandre, ou le fameux coin de Gustave-Adolphe. La base de ce triangle s'appuyait au fond de la place, de manière à barrer la rue du Parvis; un des côtés regardait l'Hôtel-Dieu, l'autre la rue Saint-Pierre-aux-Bœufs. Clopin Trouillefou s'était placé au sommet, avec le duc d'Égypte, notre ami Jehan, et les sabouleux les plus hardis.

Ce n'était point chose très-rare dans les villes du moyen-âge qu'une entreprise comme celle que les truands tentaient en ce moment sur Notre Dame. Ce que nous nommons aujourd'hui *police* n'existait pas alors. Dans les cités populeuses, dans les capitales surtout, pas de pouvoir central, un, régulateur. La féodalité avait construit ces grandes communes d'une façon bizarre. Une cité était un assemblage de mille seigneuries, qui la divisaient en compartiments de toutes formes et de toutes grandeurs. De là, mille polices contra-

dictoires, c'est-à-dire pas de police. A Paris, par
exemple, indépendamment des cent quarante-un
seigneurs prétendant censive, il y en avait vingt-
cinq prétendant justice et censive, depuis l'évêque de Paris, qui avait cent cinq rues, jusqu'au
prieur de Notre-Dame-des-Champs, qui en avait
quatre. Tous ces justiciers féodaux ne reconnais-
saient que nominalement l'autorité suzeraine du
roi. Tous avaient droit de voirie. Tous étaient
chez eux. Louis XI, cet infatigable ouvrier qui a
si largement commencé la démolition de l'édifice
féodal, continuée par Richelieu et Louis XIV au
profit de la royauté, et achevée par Mirabeau au
profit du peuple; Louis XI avait bien essayé de
crever ce réseau de seigneuries qui recouvrait
Paris, en jetant violemment tout au travers deux
ou trois ordonnances de police générale. Ainsi,
en 1465, ordre aux habitants, la nuit venue,
d'illuminer de chandelles leurs croisées, et d'enfermer leurs chiens, sous peine de la hart; même
année, ordre de fermer le soir les rues avec des
chaînes de fer, et défense de porter dagues ou armes offensives la nuit dans les rues. Mais, en peu

de temps, tous ces essais de législation communale tombèrent en désuétude. Les bourgeois laissèrent le vent éteindre leurs chandelles à leurs fenêtres, et leurs chiens errer ; les chaînes de fer ne se tendirent qu'en état de siége ; la défense de porter dagues n'amena d'autres changements que le nom de la *rue Coupe-Gueule* au nom de *rue Coupe-Gorge*, ce qui est un progrès évident. Le vieil échafaudage des juridictions féodales resta debout ; immense entassement de bailliages et de seigneuries, se croisant sur la ville, se gênant, s'enchevêtrant, s'emmaillant de travers, s'échancrant les uns les autres ; inutile taillis de guets, de sous-guets et de contre-guets, à travers lequel passaient à main armée le brigandage, la rapine et la sédition. Ce n'était donc pas, dans ce désordre, un événement inoui, que ces coups de main d'une partie de la populace sur un palais, sur un hôtel, sur une maison, dans les quartiers les plus peuplés. Dans la plupart des cas, les voisins ne se mêlaient de l'affaire que si le pillage arrivait jusque chez eux. Ils se bouchaient les oreilles à la mousquetade, fermaient

leurs volets, barricadaient leurs portes, laissaient
le débat se vider avec ou sans le guet, et le lendemain on se disait dans Paris : — Cette nuit,
Étienne Barbette a été forcé ; — le maréchal de
Clermont a été pris au corps, etc. Aussi, non-
seulement les habitations royales, le Louvre, le
Palais, la Bastille, les Tournelles, mais les rési-
dences simplement seigneuriales, le Petit-Bour-
bon, l'Hôtel de Sens, l'Hôtel d'Angoulême, etc.,
avaient leurs créneaux aux murs et leurs machicoulis au-dessus des portes. Les églises se gardaient par leur sainteté. Quelques-unes pourtant,
du nombre desquelles n'était pas Notre-Dame,
étaient fortifiées. L'abbé de Saint-Germain-des-
Prés était crénelé comme un baron, et il y avait
chez lui encore plus de cuivre dépensé en bombardes qu'en cloches. On voyait encore sa forteresse en 1610. Aujourd'hui il reste à peine
son église.

Revenons à Notre-Dame.

Quand les premières dispositions furent ter-
minées (et nous devons dire, à l'honneur de la
discipline truande, que les ordres de Clopin fu-

rent exécutés en silence et avec une admirable précision) , le digne chef de la bande monta sur le parapet du parvis , et éleva sa voix rauque et bourrue, se tenant tourné vers Notre-Dame , et agitant sa torche dont la lumière , tourmentée par le vent et voilée à tout moment de sa propre fumée , faisait paraître et disparaître aux yeux la rougeâtre façade de l'église.

— A toi , Louis de Beaumont , évêque de Paris , conseiller en la cour de parlement, moi Clopin Trouillefou , roi de Thunes, grand-coësre, prince de l'argot , évêque des fous, je dis : — Notre sœur, faussement condamnée pour magie , s'est réfugiée dans ton église. Tu lui dois asile et sauvegarde. Or la cour de parlement l'y veut reprendre , et tu y consens ; si bien qu'on la pendrait demain en Grève si Dieu et les truands n'étaient pas là. Donc nous venons à toi , évêque. Si ton église est sacrée, notre sœur l'est aussi ; si notre sœur n'est pas sacrée , ton église ne l'est pas non plus. C'est pourquoi nous te sommons de nous rendre la fille si tu veux sauver ton église, ou que nous reprendrons la fille , et que nous pillerons l'église. Ce qui sera bien. En foi de quoi je plante cy ma bannière, et Dieu te soit en garde, évêque de Paris !

Quasimodo malheureusement ne put entendre ces paroles prononcées avec une sorte de majesté sombre et sauvage. Un truand présenta sa bannière à Clopin, qui la planta solennellement entre deux pavés. C'était une fourche aux dents de laquelle pendait, saignant, un quartier de charogne.

Cela fait, le roi de Thunes se retourna et promena ses yeux sur son armée, farouche multitude où les regards brillaient presque autant que les piques. Après une pause d'un instant : — En avant, fils ! cria-t-il. A la besogne les hutins.

Trente hommes robustes, à membres carrés, à faces de serruriers, sortirent des rangs, avec des marteaux, des pinces et des barres de fer sur leurs épaules. Ils se dirigèrent vers la principale porte de l'église, montèrent le degré, et bientôt on les vit tous accroupis sous l'ogive, travaillant la porte de pinces et de leviers. Une foule de truands les suivit pour les aider ou les regarder. Les onze marches du portail en étaient encombrées.

Cependant la porte tenait bon. — Diable! elle est dure et têtue! disait l'un. — Elle est vieille, et elle a les cartilages racornis, disait l'autre. — Courage, camarades! reprenait Clopin. Je gage ma tête contre une pantoufle, que vous aurez ouvert la porte, pris la fille et déshabillé le maî-tre-autel avant qu'il y ait un bedeau de réveillé. Tenez! je crois que la serrure se détraque.

Clopin fut interrompu par un fracas effroyable, qui retentit en ce moment derrière lui. Il se re-tourna. Une énorme poutre venait de tomber du ciel, elle avait écrasé une douzaine de truands sur le degré de l'église, et rebondissait sur le pavé avec le bruit d'une pièce de canon, en cas-sant encore çà et là des jambes dans la foule des gueux qui s'écartaient avec des cris d'épouvante. En un clin d'œil l'enceinte resserrée du parvis fut vide. Les hutins, quoique protégés par les profondes voussures du portail, abandonnèrent la porte, et Clopin lui-même se replia à distance respectueuse de l'église.

— Je l'ai échappée belle ! criait Jehan. J'en ai senti le vent, tête-bœuf ! mais Pierre-l'Assommeur est assommé !

Il est impossible de dire quel étonnement mêlé d'effroi tomba avec cette poutre sur les bandits. Ils restèrent quelques minutes les yeux fixés en l'air, plus consternés de ce morceau de bois que de vingt mille archers du roi. — Satan ! grommela le duc d'Égypte, voilà qui flaire la magie ! — C'est la lune qui nous jette cette bûche, dit Andry-le-Rouge. — Avec cela, reprit François Chanteprune, qu'on dit la lune amie de la Vierge ! — Mille papes ! s'écria Clopin, vous êtes tous des imbéciles ! Mais il ne savait comment expliquer la chute du madrier.

Cependant on ne distinguait rien sur la façade, au sommet de laquelle la clarté des torches n'arrivait pas. Le pesant madrier gisait au milieu du parvis, et l'on entendait les gémissements des misérables qui avaient reçu son premier choc, et qui avaient eu le ventre coupé en deux sur l'angle des marches de pierre.

Le roi de Thunes, le premier étonnement

passé, trouva enfin une explication, qui sembla
plausible à ses compagnons. — Gueule-Dieu!
est-ce que les chanoines se défendent? Alors à
sac! à sac!

— A sac! répéta la cohue avec un hourra furieux. Et il se fit une décharge d'arbalètes et de
hacquebuttes sur la façade de l'église.

A cette détonnation, les paisibles habitants des
maisons circonvoisines se réveillèrent; on vit
plusieurs fenêtres s'ouvrir, et des bonnets de
nuit et des mains tenant des chandelles apparu-
rent aux croisées. — Tirez aux fenêtres, cria
Clopin. — Les fenêtres se refermèrent sur-le-
champ, et les pauvres bourgeois, qui avaient à
peine eu le temps de jeter un regard effaré sur
cette scène de lueurs et de tumultes, s'en revinrent suer de peur près de leurs femmes, se
demandant si le sabbat se tenait maintenant dans
le parvis Notre-Dame, ou s'il y avait assaut de
Bourguignons, comme en 64. Alors les maris
songeaient au vol, les femmes au viol, et tous
tremblaient.

— A sac! répétaient les argotiers; mais ils

n'osaient approcher. Ils regardaient l'église; ils regardaient le madrier. Le madrier ne bougeait pas, l'édifice conservait son air calme et désert ; mais quelque chose glaçait les truands.

— A l'œuvre donc les hutins ! cria Trouillefou. Qu'on force la porte.

Personne ne fit un pas.

— Barbe et ventre ! dit Clopin. Voilà des hommes qui ont peur d'une solive.

Un vieux hutin lui adressa la parole.

— Capitaine, ce n'est pas la solive qui nous ennuie, c'est la porte qui est toute cousue de barres de fer. Les pinces n'y peuvent rien.

— Que vous faudrait-il donc pour l'enfoncer? demanda Clopin.

— Ah ! il nous faudrait un bélier.

Le roi de Thunes courut bravement au formidable madrier et mit le pied dessus. — En voilà un, cria-t-il; ce sont les chanoines qui vous l'envoient. — Et faisant un salut dérisoire du côté de l'église : — Merci, chanoines !

Cette bravade fit bon effet, le charme du madrier était rompu. Les truands reprirent courage; bientôt la lourde poutre, enlevée comme une plume par deux cents bras vigoureux, vint se jeter avec furie sur la grande porte qu'on avait déjà essayé d'ébranler. A voir ainsi dans le demi-jour que les rares torches des truands répandaient sur la place, ce long madrier porté par cette foule d'hommes qui le précipitaient en courant sur l'église, on eût cru voir une monstrueuse bête à mille pieds attaquant tête baissée la géante de pierre.

Au choc de la poutre, la porte à demi métallique résonna comme un immense tambour; elle ne se creva point, mais la cathédrale tout entière tressaillit, et l'on entendit gronder les profondes cavités de l'édifice. Au même instant, une pluie de grosses pierres commença à tomber du haut de la façade sur les assaillants. — Diable! cria Jehan, est-ce que les tours nous secouent leurs balustrades sur la tête? — Mais l'élan était donné, le roi de Thunes payait d'exemple. C'était décidément l'évêque qui se défendait, et l'on n'en battit la porte qu'avec plus de rage, malgré

les pierres qui faisaient éclater les crânes à droite
et à gauche.

Il est remarquable que ces pierres tombaient
toutes une à une ; mais elles se suivaient de près.
Les argotiers en sentaient toujours deux à la fois,
une dans leurs jambes, une sur leurs têtes. Il y
en avait peu qui ne portassent coup, et déjà une
large couche de morts et de blessés saignait et
palpitait sous les pieds des assaillants qui, maintenant furieux, se renouvelaient sans cesse. La
longue poutre continuait de battre la porte à
temps réguliers, comme le mouton d'une cloche, les pierres de pleuvoir, la porte de mugir.

Le lecteur n'en est sans doute point à deviner
que cette résistance inattendue qui avait exas-
péré les truands venait de Quasimodo.

Le hasard avait par malheur servi le brave
sourd.

Quand il était descendu sur la plate-forme
d'entre les tours, ses idées étaient en confusion
dans sa tête. Il avait couru quelques minutes le
long de la galerie, allant et venant, comme fou,
voyant d'en haut la masse compacte des truands

prête à se ruer sur l'église, demandant au diable ou à Dieu de sauver l'égyptienne. La pensée lui était venue de monter au beffroi méridional et de sonner le tocsin ; mais avant qu'il eût pu mettre la cloche en branle, avant que la grosse voix de Marie eût pu jeter une seule clameur, la porte de l'église n'avait-elle pas dix fois le temps d'être enfoncée ? C'était précisément l'instant où les hutins s'avançaient vers elle avec leur serrurerie. Que faire ?

Tout d'un coup, il se souvint que des maçons avaient travaillé tout le jour à réparer le mur, la charpente et la toiture de la tour méridionale. Ce fut un trait de lumière. Le mur était en pierre, la toiture en plomb, la charpente en bois. (Cette charpente prodigieuse, si touffue qu'on l'appelait *la forêt.*)

Quasimodo courut à cette tour. Les chambres inférieures étaient en effet pleines de matériaux. Il y avait des piles de moellons, des feuilles de plomb en rouleaux, des faisceaux de lattes, de fortes solives déjà entaillées par la scie, des tas de gravois. Un arsenal complet.

L'instant pressait. Les pieux et les marteaux travaillaient en bas. Avec une force que décuplait le sentiment du danger, il souleva une des poutres, la plus lourde, la plus longue; il la fit sortir par une lucarne, puis la ressaisissant du dehors de la tour, il la fit glisser sur l'angle de la balustrade qui entoure la plate-forme, et la lâcha sur l'abîme. L'énorme charpente, dans cette chute de cent soixante pieds, râclant la muraille, cassant les sculptures, tourna plusieurs fois sur elle-même comme une aile de moulin qui s'en irait toute seule à travers l'espace. Enfin elle toucha le sol, l'horrible cri s'éleva, et la noire poutre, en rebondissant sur le pavé, ressemblait à un serpent qui saute.

Quasimodo vit les truands s'éparpiller à la chute du madrier, comme la cendre au souffle d'un enfant. Il profita de leur épouvante, et tandis qu'ils fixaient un regard superstitieux sur la massue tombée du ciel, et qu'ils éborgnaient les saints de pierre du portail avec une décharge de sagettes et de chevrotines, Quasimodo entassait silencieusement des gravois, des pierres, des

moellons, jusqu'aux sacs d'outils des maçons, sur
le rebord de cette balustrade, d'où la poutre s'é-
tait déjà élancée.

Aussi, dès qu'ils se mirent à battre la grande
porte, la grêle de moellons commença à tomber,
et il leur sembla que l'église se démolissait d'elle-
même sur leur tête.

Qui eût pu voir Quasimodo en ce moment
eût été effrayé. Indépendamment de ce qu'il avait
empilé de projectiles sur la balustrade, il avait
amoncelé un tas de pierres sur la plate-forme
même. Dès que les moellons amassés sur le rebord extérieur furent épuisés, il prit au tas.
Alors il se baissait, se relevait, se baissait et se
relevait encore, avec une activité incroyable. Sa
grosse tête de gnome se penchait par-dessus la
balustrade, puis une pierre énorme tombait,
puis une autre, puis une autre. De temps en
temps il suivait une belle pierre de l'œil, et quand
elle tuait bien, il disait : Hun !

Cependant les gueux ne se décourageaient pas.
Déjà plus de vingt fois l'épaisse porte sur laquelle ils s'acharnaient avait tremblé sous la pe-

santeur de leur bélier de chêne multiplié par la force de cent hommes. Les panneaux craquaient, les ciselures volaient en éclats, les gonds, à chaque secousse, sautaient en sursaut sur leurs pitons, les ais se détraquaient, le bois tombait en poudre broyé entre les nervures de fer. Heureusement pour Quasimodo, il y avait plus de fer que de bois.

Il sentait pourtant que la grande porte chancelait. Quoiqu'il n'entendît pas, chaque coup de bélier se répercutait à la fois dans les cavernes de l'église et dans ses entrailles. Il voyait d'en haut les truands, pleins de triomphe et de rage, montrer le poing à la ténébreuse façade ; et il enviait, pour l'égyptienne et pour lui, les ailes des hiboux qui s'enfuyaient au-dessus de sa tête par volées.

Sa pluie de moellons ne suffisait pas à repousser les assaillants.

En ce moment d'angoisse, il remarqua, un peu plus bas que la balustrade d'où il écrasait les argotiers, deux longues gouttières de pierre qui se dégorgeaient immédiatement au-dessus de

la grande porte. L'orifice interne de ces gouttières aboutissait au pavé de la plate-forme. Une
idée lui vint; il courut chercher un fagot dans
son bouge de sonneur, posa sur ce fagot force
bottes de lattes et force rouleaux de plomb, mu-
nitions dont il n'avait pas encore usé, et ayant
bien disposé ce bûcher devant le trou des deux
gouttières, il y mit le feu avec sa lanterne.

Pendant ce temps-là, les pierres ne tombant
plus, les truands avaient cessé de regarder en
l'air. Les bandits, haletants comme une meute
qui force le sanglier dans sa bauge, se pressaient
en tumulte autour de la grande porte, toute dé-
formée par le bélier, mais debout encore. Ils at-
tendaient avec un frémissement le grand coup,
le coup qui allait l'éventrer. C'était à qui se tiendrait le plus près pour pouvoir s'élancer des premiers quand elle s'ouvrirait, dans cette opulente
cathédrale, vaste réservoir où étaient venues
s'amonceler les richesses de trois siècles. Ils se
rappelaient les uns aux autres, avec des rugissements de joie et d'appétit, les belles croix d'argent, les belles chapes de brocart, les belles

tombes de vermeil, les grandes magnificences du
chœur, les fêtes éblouissantes, les Noëls étince-
lantes de flambeaux, les Pâques éclatantes de soleil, toutes ces solennités splendides où châsses,
chandeliers, ciboires, tabernacles, reliquaires,
bosselaient les autels d'une croûte d'or et de dia-
mants. Certes, en ce beau moment, cagoux et
malingreux, archisuppôts et rifodés, songeaient
beaucoup moins à la délivrance de l'égyptienne
qu'au pillage de Notre-Dame. Nous croirions
même volontiers que pour bon nombre d'entre
eux la Esmeralda n'était qu'un prétexte, si des
voleurs avaient besoin de prétextes.

Tout-à-coup, au moment où ils se groupaient
pour un dernier effort autour du bélier, chacun
retenant son haleine et roidissant ses muscles
afin de donner toute sa force au coup décisif, un
hurlement, plus épouvantable encore que celui
qui avait éclaté et expiré sous le madrier, s'éleva
au milieu d'eux. Ceux qui ne criaient pas, ceux
qui vivaient encore, regardèrent. — Deux jets
de plomb fondu tombaient du haut de l'édifice
au plus épais de la cohue. Cette mer d'hommes

venait de s'affaisser sous le métal bouillant qui avait fait, aux deux points où il tombait, deux trous noirs et fumants dans la foule, comme ferait de l'eau chaude dans la neige. On y voyait remuer des mourants à demi calcinés et mugissant de douleur. Autour de ces deux jets principaux, il y avait des gouttes de cette pluie horrible qui s'éparpillaient sur les assaillants, et entraient dans les crânes comme des vrilles de flamme. C'était un feu pesant qui criblait ces misérables de mille grêlons.

La clameur fut déchirante. Ils s'enfuirent pêle-mêle, jetant le madrier sur les cadavres, les plus hardis comme les plus timides, et le parvis fut vide une seconde fois.

Tous les yeux s'étaient levés vers le haut de l'église. Ce qu'ils voyaient était extraordinaire. Sur le sommet de la galerie la plus élevée, plus haut que la rosace centrale, il y avait une grande flamme qui montait entre les deux clochers avec des tourbillons d'étincelles, une grande flamme désordonnée et furieuse dont le vent emportait par moments un lambeau dans la fumée. Au-des-

sous de cette flamme , au-dessous de la sombre
balustrade à trèfles de braises , deux gouttières
en gueules de monstres vomissaient sans relâche
cette pluie ardente qui détachait son ruisselle-
ment argenté sur les ténèbres de la façade inférieure. A mesure qu'ils approchaient du sol , les
deux jets de plomb liquide s'élargissaient en gerbes, comme l'eau qui jaillit des mille trous de
l'arrosoir. Au-dessus de la flamme , les énormes
tours , de chacune desquelles on voyait deux
faces crues et tranchées, l'une toute noire , l'autre toute rouge , semblaient plus grandes encore
de toute l'immensité de l'ombre qu'elles proje-
taient jusque dans le ciel. Leurs innombrables
sculptures de diables et de dragons prenaient un
aspect lugubre. La clarté inquiète de la flamme
les faisait remuer à l'œil. Il y avait des guivres
qui avaient l'air de rire , des gargouilles qu'on
croyait entendre japper ; des salamandres qui
soufflaient dans le feu , des tarasques qui éter-
nuaient dans la fumée. Et parmi ces monstres
ainsi réveillés de leur sommeil de pierre par cette
flamme , par ce bruit, il y en avait un qui mar-

chait et qu'on voyait de temps en temps passer sur le front ardent du bûcher comme une chauve-souris devant une chandelle.

Sans doute ce phare étrange allait éveiller au loin le bûcheron des collines de Bicêtre, épouvanté de voir chanceler sur ses bruyères l'ombre gigantesque des tours de Notre-Dame.

Il se fit un silence de terreur parmi les truands, pendant lequel on n'entendit que les cris d'alarmes des chanoines enfermés dans leur cloître et plus inquiets que des chevaux dans une écurie qui brûle, le bruit furtif des fenêtres vite ouvertes et plus vite fermées, le remue-ménage intérieur des maisons et de l'Hôtel-Dieu, le vent dans la flamme, le dernier râle des mourants, et le pétillement continu de la pluie de plomb sur le pavé.

Cependant les principaux truands s'étaient retirés sous le porche du logis Gondelaurier, et tenaient conseil. Le duc d'Égypte, assis sur une borne, contemplait avec une crainte religieuse le bûcher fantasmagorique resplendissant à deux cents pieds en l'air. Clopin Trouillefou se mordait ses gros poings avec rage. — Impossible d’entrer ! murmurait-il dans ses dents.

— Une vieille église fée ! grommelait le vieux bohémien Mathias Hungadi Spicali.

— Par les moustaches du pape ! reprenait un narquois grisonnant qui avait servi, voilà des gouttières d’église qui vous crachent du plomb fondu mieux que les machicoulis de Lectoure.

— Voyez-vous ce démon qui passe et repasse devant le feu ? s’écriait le duc d’Égypte.

— Pardieu, dit Clopin, c’est le damné sonneur, c’est Quasimodo.

Le bohémien hochait la tête. — Je vous dis, moi, que c’est l’esprit Sabnac, le grand marquis, le démon des fortifications. Il a forme d’un soldat armé, une tête de lion. Quelquefois il monte un cheval hideux. Il change les hommes en pierres, dont il bâtit des tours. Il commande à cinquante légions. C’est bien lui ; je le reconnais. Quelquefois il est habillé d’une belle robe d’or figurée à la façon des Turcs.

— Où est Bellevigne-de-l’Étoile ? demanda Clopin.

— Il est mort, répondit une truande.

Andry-le-Rouge riait d'un rire idiot : — Notre-Dame donne de la besogne à l'Hôtel-Dieu, disait-il.

— Il n'y a donc pas moyen de forcer cette porte? s'écria le roi de Thunes en frappant du pied.

Le duc d'Égypte lui montra tristement les deux ruisseaux de plomb bouillant qui ne cessaient de rayer la noire façade, comme deux longues quenouilles de phosphore. — On a vu des églises qui se défendaient ainsi d'elles-mêmes, observa-t-il en soupirant. Sainte-Sophie, de Constantinople, il y a quarante ans de cela, a trois fois de suite jeté à terre le croissant de Mahom en secouant ses dômes, qui sont ses têtes. Guillaume de Paris, qui a bâti celle-ci, était un magicien.

— Faut-il donc s'en aller piteusement comme des laquais de grand'route? dit Clopin. Laisser là notre sœur, que ces loups chaperonnés pendront demain!

— Et la sacristie, où il y a des charretées

d'or? ajouta un truand dont nous regrettons de ne pas savoir le nom.

— Barbe-Mahom! cria Trouillefou.

— Essayons encore une fois, reprit le truand.

Mathias Hungadi hocha la tête. — Nous, n'entrerons pas par la porte. Il faut trouver le défaut de l'armure de la vieille fée. Un trou, une fausse poterne, une jointure quelconque.

— Qui en est? dit Clopin. J'y retourne. — A propos, où est donc le petit écolier Jehan, qui était si enferraillé?

— Il est sans doute mort, répondit quelqu'un. On ne l'entend plus rire.

Le roi de Thunes fronça le sourcil.

— Tant pis. Il y avait un brave cœur sous cette ferraille. — Et maître Pierre Gringoire?

— Capitaine Clopin, dit Andry-le-Rouge, il s'est esquivé que nous n'étions encore qu'au Pont-aux-Changeurs.

Clopin frappa du pied. — Gueule-Dieu! c'est lui qui nous pousse céans, et il nous plante là au beau milieu de la besogne! — Lâche bavard casqué d'une pantoufle!

— Capitaine Clopin, cria Andry-le-Rouge, qui regardait dans la rue du Parvis, voilà le petit écolier.

— Loué soit Pluto! dit Clopin. Mais que diable tire-t-il après lui!

C'était Jehan, en effet, qui accourait aussi vite que le lui permettaient ses lourds habits de paladin et une longue échelle qu'il traînait bravement sur le pavé, plus essoufflé qu'une fourmi attelée à un brin d'herbe vingt fois plus long qu'elle.

— Victoire! *te Deum!* criait l'écolier. Voilà l'échelle des déchargeurs du port Saint - Landry.

Clopin s'approcha de lui : — Enfant, que veux-tu faire, cornedieu! de cette échelle?

— Je l'ai, répondit Jehan haletant. Je savais où elle était. — Sous le hangar de la maison du lieutenant. — Il y a là une fille que je connais, qui me trouve beau comme un Cupido. — Je m'en suis servi pour avoir l'échelle, et j'ai l'échelle, Pasque-Mahom! — La pauvre fille est venue m'ouvrir toute en chemise.

— Oui, dit Clopin ; mais que veux-tu faire de cette échelle ?

Jehan le regarda d'un air malin et capable, et fit claquer ses doigts comme des castagnettes. Il était sublime en ce moment. Il avait sur la tête un de ces casques surchargés du quinzième siècle qui épouvantaient l'ennemi de leurs cimiers chimériques. Le sien était hérissé de dix becs de fer, de sorte que Jehan eût pu disputer la redoutable épithète de δεκέμβολος au navire homérique de Nestor.

— Ce que j'en veux faire, auguste roi de Thunes ? Voyez-vous cette rangée de statues qui ont des mines d'imbéciles, là-bas, au-dessus des trois portails ?

— Oui. Hé bien ?

— C'est la galerie des rois de France.

— Qu'est-ce que cela me fait ? dit Clopin.

— Attendez donc ! il y a au bout de cette galerie une porte qui n'est jamais fermée qu'au loquet, avec cette échelle j'y monte, et je suis dans l'église.

— Enfant, laisse-moi monter le premier.

— Non pas, camarade, c'est à moi l'échelle. Venez, vous serez le second.

— Que Belzébuth t'étrangle ! dit le bourru Clopin, je ne veux être après personne.

— Alors, Clopin, cherche une échelle !

Jehan se mit à courir par la place tirant son échelle et criant : — A moi les fils !

En un instant l'échelle fut dressée et appuyée à la balustrade de la galerie inférieure au-dessus d'un des portails latéraux. La foule des truands poussant de grandes acclamations se pressa au bas pour y monter. Mais Jehan maintint son droit et posa le premier le pied sur les échelons. Le trajet était assez long. La galerie des rois de France est élevée aujourd'hui d'environ soixante pieds au-dessus du pavé. Les onze marches du perron l'exhaussaient encore. Jehan montait lentement, assez empêché de sa lourde armure, d'une main tenant l'échelon, de l'autre son arbalète. Quand il fut au milieu de l'échelle, il jeta un coup d'œil mélancolique sur les pauvres argotiers morts, dont le degré était jonché. — Hélas ! dit-il, voilà un monceau de

cadavres digne du cinquième chant de l'Iliade !
— Puis il continua de monter. Les truands le
suivaient. Il y en avait un sur chaque échelon.
A voir s'élever en ondulant dans l'ombre cette
ligne de dos cuirassés, on eût dit un serpent à
écailles d'acier qui se dressait contre l'église.
Jehan qui faisait la tête et qui sifflait complétait
l'illusion.

L'écolier toucha enfin au balcon de la gale-
lerie, et l'enjamba assez lestement aux applau-
dissements de toute la truanderie. Ainsi maître
de la citadelle, il poussa un cri de joie, et tout-
à-coup s'arrêta pétrifié. Il venait d'apercevoir,
derrière une statue de roi, Quasimodo caché
dans les ténèbres et l'œil étincelant.

Avant qu'un second assiégeant eût pu prendre pied sur la galerie, le formidable bossu sauta
à la tête de l'échelle, saisit, sans dire une parole,
le bout des deux montants de ses mains puissantes, les souleva, les éloigna du mur, balança
un moment, au milieu des clameurs d'angoisse,
la longue et pliante échelle encombrée de truands
du haut en bas, et subitement, avec une force

surhumaine, rejeta cette grappe d'hommes dans la place. Il y eut un instant où les plus déterminés palpitèrent. L'échelle lancée en arrière resta un moment droite et debout et parut hésiter, puis oscilla, puis tout-à-coup, décrivant un effrayant arc de cercle de quatre-vingts pieds de rayon, s'abattit sur le pavé avec sa charge de bandits plus rapidement qu'un pont-levis dont les chaînes se cassent. Il y eut une immense imprécation, puis tout s'éteignit, et quelques malheureux mutilés se retirèrent en rampant de dessous le monceau de morts.

Une rumeur de douleur et de colère succéda parmi les assiégeants aux premiers cris de triomphe. Quasimodo impassible, les deux coudes appuyés sur la balustrade, regardait. Il avait l'air d'un vieux roi chevelu à sa fenêtre.

Jehan Frollo était, lui, dans une situation critique. Il se trouvait dans la galerie avec le redoutable sonneur, seul, séparé de ses compagnons par un mur vertical de quatre-vingts pieds. Pendant que Quasimodo jouait avec l'échelle, l'écolier avait couru à la poterne qu'il

croyait ouverte. Point. Le sourd en entrant dans
la galerie l'avait fermée derrière lui. Jehan alors
s'était caché derrière un roi de pierre, n'osant
souffler, et fixant sur le monstrueux bossu une
mine effarée, comme cet homme qui, faisant la
cour à la femme du gardien d'une ménagerie,
alla un soir à un rendez-vous d'amour, se
trompa de mur dans son escalade, et se trouva
brusquement tête à tête avec un ours blanc.

Dans les premiers moments le sourd ne prit
pas garde à lui; mais enfin il tourna la tête et
se redressa tout d'un coup. Il venait d'apercevoir
l'écolier.

Jehan se prépara à un rude choc, mais le
sourd resta immobile; seulement il était tourné
vers l'écolier qu'il regardait.

— Ho! ho! dit Jehan, qu'as-tu à me regarder
de cet œil borgne et mélancolique?

Et en parlant ainsi, le jeune drôle apprêtait
sournoisement son arbalète.

— Quasimodo! cria-t-il, je vais changer ton
surnom; on t'appellera l'aveugle.

Le coup partit. Le vireton empenné siffla et

vint se ficher dans le bras gauche du bossu. Quasimodo ne s'en émut pas plus que d'une égratignure au roi Pharamond. Il porta la main à la sagette, l'arracha de son bras et la brisa tranquillement sur son gros genou ; puis il laissa tomber, plutôt qu'il ne jeta à terre, les deux morceaux. Mais Jehan n'eut pas le temps de tirer une seconde fois. La flèche brisée, Quasimodo souffla brusquement, bondit comme une sauterelle et retomba sur l'écolier, dont l'armure s'aplatit du coup contre la muraille.

Alors dans cette pénombre où flottait la lumière des torches, on entrevit une chose terrible.

Quasimodo avait pris de la main gauche les deux bras de Jehan qui ne se débattait pas, tant il se sentait perdu. De la droite le sourd lui détachait l'une après l'autre, en silence, avec une lenteur sinistre, toutes les pièces de son armure, l'épée, les poignards, le casque, la cuirasse, les brassards. On eût dit un singe qui épluche une noix. Quasimodo jetait à ses pieds, morceau à morceau, la coquille de fer de l'écolier.

Quand l'écolier se vit désarmé, déshabillé, faible et nu dans ces redoutables mains, il n'essaya pas de parler à ce sourd, mais il se mit à lui rire effrontément au visage, et à chanter, avec son intrépide insouciance d'enfant de seize ans, la chanson alors populaire :

> Elle est bien habillée
> La ville de Cambrai.
> Marafin l'a pillée.

Il n'acheva pas. On vit Quasimodo debout sur le parapet de la galerie, qui d'une seule main tenait l'écolier par les pieds, en le faisant tourner sur l'abîme comme une fronde; puis on entendit un bruit comme celui d'une boîte osseuse qui éclate contre un mur, et l'on vit tomber quelque chose qui s'arrêta au tiers de la chute à une saillie de l'architecture. C'était un corps mort qui resta accroché là, plié en deux, les reins brisés, le crâne vide.

Un cri d'horreur s'éleva parmi les truands. — Vengeance! cria Clopin. — A sac! répondit la multitude. — Assaut ! Assaut ! — Alors ce fut un hurlement prodigieux, où se mêlaient toutes les langues, tous les patois, tous les accents. La mort du pauvre écolier jeta une ardeur furieuse dans cette foule. La honte la prit, et la colère d'avoir été si long-temps tenue en échec devant une église par un bossu. La rage trouva des échelles, multiplia les torches, et au bout de quelques minutes, Quasimodo, éperdu, vit cette épouvantable fourmilière monter de toutes parts à l'assaut de Notre-Dame. Ceux qui n'avaient pas d'échelles avaient des cordes à nœuds; ceux qui n'avaient pas de cordes grimpaient aux reliefs des sculptures. Il se pendaient aux guenilles les uns des autres. Aucun moyen de résister à cette marée ascendante de faces épouvantables; la fureur faisait rutiler ces figures farouches; leurs fronts terreux ruisselaient de sueur; leurs yeux éclairaient; toutes ces grimaces, toutes ces laideurs investissaient Quasimodo. On eût dit que quelque autre église avait envoyé à l'assaut de Notre-Dame ses gorgones, ses dogues, ses drées, ses démons, ses sculptures les plus fantastiques. C'é-

tait comme une couche de monstres vivants sur
les monstres de pierre de la façade.

Cependant, la place s'était étoilée de mille
torches. Cette scène désordonnée, jusqu'alors
enfouie dans l'obscurité, s'était subitement em-
brasée de lumière. Le parvis resplendissait et jetait un rayonnement dans le ciel; le bûcher allumé sur la haute plate-forme brûlait toujours,
et illuminait au loin la ville. L'énorme silhouette
des deux tours, développée au loin sur les toits
de Paris, faisait dans cette clarté une large échan-
crure d'ombre. La ville semblait s'être émue.
Des tocsins éloignés se plaignaient. Les truands
hurlaient, haletaient, juraient, montaient; et
Quasimodo, impuissant contre tant d'ennemis,
frissonnant pour l'égyptienne, voyant les faces
furieuses se rapprocher de plus en plus de sa galerie, demandait un miracle au ciel, et se tordait
les bras de désespoir.

Camille Rogier p^t.

O. Periam sc.

LE RETRAIT OU DIT SES HEURES
MONSEIGNEUR LOUIS DE FRANCE.

Publié par Eugène Renduel

$$V$$

Le lecteur n'a peut-être pas oublié qu'un moment avant d'apercevoir la bande nocturne des truands, Quasimodo, inspectant Paris du haut de son clocher, n'y voyait plus briller qu'une lumière, laquelle étoilait une vitre à l'étage le plus élevé d'un haut et sombre édifice, à côté de la

porte Saint-Antoine. Cet édifice, c'était la Bastille. Cette étoile, c'était la chandelle de Louis XI.

Le roi Louis XI était en effet à Paris depuis
deux jours. Il devait repartir le surlendemain
pour sa citadelle de Montilz-lez-Tours. Il ne faisait jamais que de rares et courtes apparitions
dans sa bonne ville de Paris, n'y sentant pas autour de lui assez de trappes, de gibets et d'archers écossais.

Il était venu, ce jour-là, coucher à la Bastille.
La grande chambre de cinq toises carrées qu'il
avait au Louvre, avec sa grande cheminée chargée de douze grosses bêtes et des treize grands
prophètes, et son grand lit de onze pieds sur
douze, lui agréaient peu. Il se perdait dans toutes ses grandeurs. Ce roi bon bourgeois aimait
mieux la Bastille avec une chambrette et une
couchette. Et puis, la Bastille était plus forte
que le Louvre.

Cette *chambrette*, que le roi s'était réservée
dans la fameuse prison d'état, était encore assez
vaste et occupait l'étage le plus élevé d'une tourelle engagée dans le donjon. C'était un réduit

de forme ronde, tapissé de nattes en paille luisante, plafonné à poutres rehaussées de fleurs-
de-lis d'étain doré, avec les entrevoues de cou-
leur; lambrissé à riches boiseries semées de
rosettes d'étain blanc et peintes de beau vert-
gai, fait d'orpin et de florée fine.

Il n'y avait qu'une fenêtre, une longue ogive
treillissée de fil d'archal et de barreaux de fer,
d'ailleurs obscurcie de belles vitres coloriées aux
armes du roi et de la reine, dont le panneau revenait à vingt-deux sols.

Il n'y avait qu'une entrée, une porte moder-
ne, à cintre surbaissé, garnie d'une tapisserie en
dedans, et en dehors d'un de ces porches de bois
d'Irlande, frêles édifices de menuiserie curieusement ouvrée, qu'on voyait encore en quantité de
vieux logis il y a cent cinquante ans. « Quoiqu'ils
défigurent et embarrassent les lieux, dit Sauval
avec désespoir, nos vieillards pourtant ne s'en
veulent point défaire et les conservent en dépit
d'un chacun. »

On ne trouvait dans cette chambre rien de ce
qui meublait les appartements ordinaires, ni

bancs, ni tréteaux, ni formes, ni escabelles communes en forme de caisse, ni belles escabelles
soutenues de piliers et de contre-piliers, à quatre
sols la pièce. On n'y voyait qu'une chaise pliante
à bras, fort magnifique : le bois en était peint
de roses sur fond rouge, le siége de cordouan
vermeil, garni de longues franges de soie et pi-
qué de mille clous d'or. La solitude de cette
chaise faisait voir qu'une seule personne avait
droit de s'asseoir dans la chambre. A côté de la
chaise et tout près de la fenêtre, il y avait une
table recouverte d'un tapis à figures d'oiseaux.
Sur cette table un gallemard taché d'encre, quelques parchemins, quelques plumes, et un hanap
d'argent ciselé. Un peu plus loin, un chauffe-
doux ; un prie-Dieu de velours cramoisi, relevé
de bossettes d'or. Enfin au fond un simple lit de
damas jaune et incarnat, sans clinquant ni passe-
ment : les franges sans façon. C'est ce lit, fameux pour avoir porté le sommeil ou l'insomnie
de Louis XI, qu'on pouvait encore contempler,
il y a deux cents ans, chez un conseiller d'état,
où il a été vu par la vieille madame Pilou, célè-

bre dans le Cyrus sous le nom d'*Aricidie* et de
la Morale vivante.

Telle était la chambre qu'on appelait « le
retrait où dit ses heures monsieur Louis de
France ».

Au moment où nous y avons introduit le lecteur, ce retrait était fort obscur. Le couvre-feu
était sonné depuis une heure, il faisait nuit,
et il n'y avait qu'une vacillante chandelle de
cire posée sur la table pour éclairer cinq personnages diversement groupés dans la chambre.

Le premier sur lequel tombait la lumière était
un seigneur superbement vêtu d'un haut-de-
chausses et d'un justaucorps écarlate rayé d'argent, et d'une casaque à mahoîtres de drap d'or
à dessins noirs. Ce splendide costume, où se
jouait la lumière, semblait glacé de flamme à
tous ses plis. L'homme qui le portait avait sur
la poitrine ses armoiries brodées de vives couleurs : un chevron accompagné en pointe d'un
daim passant. L'écusson était accosté à droite
d'un rameau d'olivier, à gauche d'une corne

de daim. Cet homme portait à sa ceinture une riche dague dont la poignée, de vermeil, était ciselée en forme de cimier et surmontée d'une couronne comtale. Il avait l'air mauvais, la mine fière et la tête haute. Au premier coup d'œil on voyait sur son visage l'arrogance, au second la ruse.

Il se tenait tête nue, une longue pancarte à la main, debout derrière la chaise à bras sur laquelle était assis, le corps disgracieusement plié en deux, les genoux chevauchant l'un sur l'autre, le coude sur la table, un personnage fort mal accoutré. Qu'on se figure, en effet, sur l'opulent siége de cuir de Cordoue, deux rotules cagneuses, deux cuisses maigres pauvrement habillées d'un tricot de laine noire, un torse enveloppé d'un surtout de futaine avec une fourrure dont on voyait moins de poil que de cuir ; enfin, pour couronner, un vieux chapeau gras du plus méchant drap noir, bordé d'un cordon circulaire de figurines de plomb. Voilà, avec une sale calotte qui laissait à peine passer un cheveu, tout ce qu'on distinguait du per-

sonnage assis. Il tenait sa tête tellement cour-
bée sur sa poitrine qu'on n'apercevait rien de
son visage recouvert d'ombre, si ce n'est le bout
de son nez, sur lequel tombait un rayon de lumière, et qui devait être long. A la maigreur de
sa main ridée on devinait un vieillard. C'était
Louis XI.

A quelque distance derrière eux causaient à
voix basse deux hommes vêtus à la coupe fla-
mande, qui n'étaient pas assez perdus dans l'ombre pour que quelqu'un de ceux qui avaient
assisté à la représentation du mystère de Gringoire n'eût pu reconnaître en eux deux des principaux envoyés flamands, Guillaume Rym, le
sagace pensionnaire de Gand, et Jacques Coppenole, le populaire chaussetier. On se souvient
que ces deux hommes étaient mêlés à la politique
secrète de Louis XI.

Enfin, tout au fond, près de la porte, se tenait debout dans l'obscurité, immobile comme
une statue, un vigoureux homme à membres
trapus, à harnois militaire, à casaque armoriée,
dont la face carrée, percée d'yeux à fleur de

tête, fendue d'une immense bouche, dérobant
ses oreilles sous deux larges abat-vent de cheveux plats, sans front, tenait à la fois du chien
et du tigre.

Tous étaient découverts, excepté le roi.

Le seigneur qui était auprès du roi lui faisait
lecture d'une espèce de long mémoire que sa
majesté semblait écouter avec attention. Les deux
Flamands chuchotaient.

— Croix-Dieu ! grommelait Coppenole, je
suis las d'être debout; est-ce qu'il n'y a pas de
chaise ici ?

Rym répondait par un geste négatif, accompagné d'un sourire discret.

— Croix-Dieu ! reprenait Coppenole tout malheureux d'être obligé de baisser ainsi la voix,
l'envie me démange de m'asseoir à terre, jambes
croisées, en chaussetier, comme je fais dans ma
boutique.

— Gardez-vous-en bien ! maître Jacques.

— Ouais ! maître Guillaume ! ici l'on ne peut
donc être que sur les pieds !

— Ou sur les genoux, dit Rym.

En ce moment la voix du roi s'éleva. Ils se turent.

— Cinquante sols les robes de nos valets, et douze livres les manteaux des clercs de notre couronne ! C'est cela ! versez l'or à tonnes ! Êtes-vous fou, Olivier ?

En parlant ainsi, le vieillard avait levé la tête. On voyait reluire à son cou les coquilles d'or du collier de Saint-Michel. La chandelle éclairait en plein son profil décharné et morose. Il arracha le papier des mains de l'autre.

—Vous nous ruinez ! cria-t-il en promenant ses yeux creux sur le cahier. Qu'est-ce que tout cela ? qu'avons-nous besoin d'une si prodigieuse maison ? Deux chapelains à raison de dix livres par mois chacun, et un clerc de chapelle à cent sols ! Un valet de chambre à quatre-vingt-dix livres par an ! Quatre écuyers de cuisine à six-vingts livres par an chacun ! Un hasteur, un potager, un saussier, un queux, un sommelier d'armures, deux valets de sommiers, à raison de dix livres par mois chaque ! Deux galopins de cuisine à huit livres ! Un palefrenier et ses deux aides à vingt-quatre livres par mois! Un porteur, un pâtissier, un boulanger, deux charretiers, chacun soixante livres par an! Et le maréchal des forges, six-vingts livres! Et le maître de la chambre de nos deniers, douze cents livres! Et le contrôleur, cinq cents! — Que sais-je, moi! C'est une furie! Les gages de nos domestiques mettent la France au pillage! Tous les mugots du Louvre fondront à un tel feu de dépense! Nous y vendrons nos vaisselles! Et l'an prochain, si Dieu et Notre-Dame (ici il souleva son chapeau) nous prêtent vie, nous boirons nos tisanes dans un pot d'étain!

En disant cela, il jetait un coup d'œil sur le hanap d'argent qui étincelait sur la table. Il toussa, et poursuivit :

— Maître Olivier, les princes qui règnent aux grandes seigneuries, comme rois et empereurs, ne doivent pas laisser engendrer la somptuosité en leurs maisons; car de là ce feu court par la province. — Donc, maître Olivier, tiens-toi ceci pour dit. Notre dépense augmente tous les ans. La chose nous déplaît. Comment, Pasque-Dieu!

jusqu'en 79 elle n'a point passé trente-six mille livres, en 80, elle a atteint quarante-trois mille six cent dix-neuf livres; — j'ai le chiffre en tête; — en 81, soixante-six mille six cent quatre-vingts livres; et cette année, par la foi de mon corps! elle atteindra quatre-vingt mille livres! Doublée en quatre ans! monstrueux!

Il s'arrêta essoufflé, puis il reprit avec emportement : — Je ne vois autour de moi que gens qui s'engraissent de ma maigreur! Vous me sucez des écus par tous les pores!

Tous gardaient le silence. C'était une de ces colères qu'on laisse aller. Il continua :

— C'est comme cette requête en latin de la seigneurie de France, pour que nous ayons à rétablir ce qu'ils appellent les grandes charges de la couronne! Charges en effet! charges qui écrasent! Ah! messieurs! vous dites que nous ne sommes pas un roi, pour régner *dapifero nullo, buticulario nullo!* Nous vous le ferons voir, Pasque-Dieu! si nous ne sommes pas un roi! —

Ici il sourit dans le sentiment de sa puissance;

sa mauvaise humeur s'en adoucit, et il se tourna vers les Flamands :

— Voyez-vous, compère Guillaume ? le grand-pannetier, le grand-bouteillier, le grand-chambellan, le grand-sénéchal ne valent pas le moindre valet. — Retenez ceci, compère Coppenole. — Ils ne servent à rien. A se tenir ainsi inutiles autour du roi, ils me font l'effet des quatre évangélistes qui environnent le cadran de la grande horloge du Palais, et que Philippe Brille vient de remettre à neuf. Ils sont dorés, mais ils ne marquent pas l'heure ; et l'aiguille peut se passer d'eux.

Il demeura un moment pensif, et ajouta en hochant sa vieille tête : — Ho ho ! par Notre-Dame, je ne suis pas Philippe Brille, et je ne redorerai pas les grands vassaux. — Continue, Olivier.

Le personnage qu'il désignait par ce nom reprit le cahier de ses mains, et se remit à lire à haute voix :

«... A Adam Tenon, commis à la garde des » sceaux de la prevôté de Paris : pour l'argent,

» façon et gravure desdits sceaux qui ont été faits
» neufs pour ce que les autres précédents, pour
» leur antiquité et caduqueté, ne pouvaient plus
» bonnement servir. — Douze livres parisis.

» A Guillaume Frère, la somme de quatre li-
» vres quatre sols parisis, pour ses peines et sa-
» laires d'avoir nourri et alimenté les colombes
» des deux colombiers de l'hôtel des Tournelles,
» durant les mois de janvier, février et mars de
» cette année; et pour ce a donné sept sextiers
» d'orge.

» A un cordelier, pour confession d'un crimi-
» nel, quatre sols parisis. »

Le roi écoutait en silence. De temps en temps
il toussait; alors il portait le hanap à ses lèvres,
et buvait une gorgée en faisant une grimace.

— « En cette année ont été faits par ordon-
» nance de justice à son de trompe, par les carre-
» fours de Paris, cinquante-six cris. — Compte à
» régler.

» Pour avoir fouillé et cherché en certains en-
» droits, tant dans Paris qu'ailleurs, de la finance
» qu'on disait y avoir été cachée; mais rien n'y a

» a été trouvé : — quarante-cinq livres pa-
» risis. »

— Enterrer un écu pour déterrer un sou ! dit
le roi.

— « ... Pour avoir mis à point, à l'hôtel des
» Tournelles, six panneaux de verre blanc à l'en-
» droit où est la cage de fer, treize sols. — Pour
» avoir fait et livré, par le commandement du roi,
» le jour des monstres, quatre écussons aux ar-
» mes dudit seigneur, enchapessés de chapeaux de
» roses tout à l'entour, six livres. — Pour deux
» manches neuves au vieil pourpoint du roi, vingt
» sols. — Pour une boîte de graisse à graisser les
» bottes du roi, quinze deniers. Une étable faite
» de neuf pour loger les pourceaux noirs du roi,
» trente livres parisis. — Plusieurs cloisons, plan-
» ches et trappes faites pour enfermer les lions
» d'emprès Saint-Paul, vingt-deux livres. »

— Voilà des bêtes qui sont chères, dit Louis XI.
N'importe ; c'est une belle magnificence de roi.
Il y a un grand lion roux que j'aime pour ses
gentillesses. — L'avez-vous vu , maître Guillaume ? — Il faut que les princes aient de ces

animaux mirifiques. A nous autres rois, nos chiens doivent être des lions, et nos chats des tigres. Le grand va aux couronnes. Du temps des païens de Jupiter, quand le peuple offrait aux églises cent bœufs et cent brebis, les empereurs donnaient cent lions et cent aigles. Cela était farouche et fort beau. Les rois de France ont toujours eu de ces rugissements autour de leur trône. Néanmoins on me rendra cette justice, que j'y dépense encore moins d'argent qu'eux, et que j'ai une plus grande modestie de lions, d'ours, d'éléphants et de léopards. — Allez, maître Olivier. Nous voulions dire cela à nos amis les Flamands.

Guillaume Rym s'inclina profondément, tandis que Coppenole, avec sa mine bourrue, avait l'air d'un de ces ours dont parlait sa majesté. Le roi n'y prit pas garde. Il venait de tremper ses lèvres dans le hanap, et recrachait le breuvage en disant : — Pouah ! la fâcheuse tisane ! — Celui qui lisait continua :

— « Pour nourriture d'un maraud piéton en» verrouillé depuis six mois dans la logette de l'é-

» corcherie, en attendant qu'on sache qu'en faire.

» — Six livres quatre sols. »

— Qu'est-ce cela? interrompit le roi, nourrir ce qu'il faut pendre! Pasque-Dieu! je ne donnerai plus un sol pour cette nourriture. — Olivier, entendez-vous de la chose avec monsieur d'Estouteville, et dès ce soir faites-moi le préparatif des noces du galant avec une potence. — Reprenez.

Olivier fit une marque avec le pouce à l'article du *maraud piéton,* et passa outre.

— « A Henriet Cousin, maître exécuteur des » hautes-œuvres de la justice de Paris, la somme » de soixante sols parisis, à lui taxée et ordonnée » par monseigneur le prevôt de Paris, pour avoir » acheté, de l'ordonnance de mondit sieur le » prevôt, une grande épée à feuille servant à exé- » cuter et décapiter les personnes qui par justice » sont condamnées pour leurs démérites, et icelle » fait garnir de fourreau et de tout ce qui y ap- » partient; et pareillement a fait remettre à point » et rhabiller la vieille épée, qui s'était éclatée et » ébréchée en faisant la justice de messire Louis

» de Luxembourg, comme plus à plein peut ap-
» paroir... »

Le roi interrompit : — Il suffit ; j'ordonnance
la somme de grand cœur. Voilà des dépenses où
je ne regarde pas. Je n'ai jamais regretté cet ar-
gent-là. — Suivez.

— « Pour avoir fait de neuf une grande
» cage.... »

— Ah ! dit le roi, en prenant de ses deux
mains les bras de sa chaise, je savais bien que
j'étais venu en cette Bastille pour quelque chose.
— Attendez, maître Olivier. Je veux voir moi-
même la cage. Vous m'en lirez le coût pendant
que je l'examinerai. — Messieurs les Flamands,
venez voir cela ; c'est curieux.

Alors il se leva, s'appuya sur le bras de son
interlocuteur, fit signe à l'espèce de muet qui se
tenait debout devant la porte de le précéder, aux
deux Flamands de le suivre, et sortit de la
chambre.

La royale compagnie se recruta, à la porte du
retrait, d'hommes d'armes tout alourdis de fer,
et de minces pages qui portaient des flambeaux.

Elle chemina quelque temps dans l'intérieur du sombre donjon, percé d'escaliers et de corridors jusque dans l'épaisseur des murailles. Le capitaine de la Bastille marchait en tête, et faisait ouvrir les guichets devant le vieux roi malade et voûté, qui toussait en marchant.

A chaque guichet, toutes les têtes étaient obligées de se baisser, excepté celle du vieillard plié par l'âge. — Hum! disait-il entre ses gencives, car il n'avait plus de dents, nous sommes déjà tout prêt pour la porte du sépulcre. A porte basse, passant courbé.

Enfin, après avoir franchi un dernier guichet si embarrassé de serrures qu'on mit un quart d'heure à l'ouvrir, ils entrèrent dans une haute et vaste salle en ogive, au centre de laquelle on distinguait, à la lueur des torches, un gros cube massif de maçonnerie, de fer et de bois. L'intérieur était creux. C'était une de ces fameuses cages à prisonniers d'état qu'on appelait *les fillettes du roi*. Il y avait aux parois deux ou trois petites fenêtres si étoffément treillissées d'épais barreaux de fer qu'on n'en voyait pas la vitre. La porte était une grande dalle de pierre plate, comme aux tombeaux ; de ces portes qui ne servent jamais que pour entrer. Seulement, ici, le mort était un vivant.

Le roi se mit à marcher lentement autour du petit édifice en l'examinant avec soin, tandis que maître Olivier, qui le suivait, lisait tout haut le mémoire :

— « Pour avoir fait de neuf une grande cage
» de bois de grosses solives, membrures et sa-
» blières, contenant neuf pieds de long sur huit
» de lé, et de hauteur sept pieds entre deux plan-
» chers, lissée et boujonnée à gros boujons de fer,
» laquelle a été assise en une chambre étant à l'une
» des tours de la Bastide Saint-Antoine, en la-
» quelle cage est mis et détenu, par commande-
» ment du roi notre seigneur, un prisonnier qui
» habitait précédemment une vieille cage cadu-
» que et décrépite. — Ont été employées à cette
» dite cage neuve quatre-vingt-seize solives de
» couche et cinquante-deux solives debout, dix
» sablières de trois toises de long ; et ont été oc-
» cupés dix-neuf charpentiers pour équarrir, ou-

» vrer et tailler tout ledit bois en la cour de la
» Bastide pendant vingt jours... »

— D'assez beaux cœurs de chêne, dit le roi
en cognant du poing la charpente.

— « .... Il est entré dans cette cage, poursui-
» vit l'autre, deux cent vingt gros boujons de
» fer, de neuf pieds et de huit, le surplus de
» moyenne longueur, avec les rouelles, pommelles
» et contrebandes servant auxdits boujons ; pe-
» sant, tout ledit fer, trois mille sept cent trente-
» cinq livres ; outre huit grosses équières de fer
» servant à attacher ladite cage, avec les cram-
» pons et clous, pesant ensemble deux cent dix-
» huit livres de fer, sans compter le fer des treillis
» des fenêtres de la chambre où la cage a été po-
» sée, les barres de fer de la porte de la chambre,
» et autres choses.... »

— Voilà bien du fer, dit le roi, pour contenir la légèreté d'un esprit !

— « ... Le tout revient à trois cent dix-sept
» livres cinq sols sept deniers. »

— Pasque-Dieu ! s'écria le roi.

A ce juron, qui était le favori de Louis XI, il

parut que quelqu'un se réveillait dans l'intérieur de la cage ; on entendit des chaînes qui en écorchaient le plancher avec bruit, et il s'éleva une voix faible qui semblait sortir de la tombe : — Sire ! sire ! grâce ! — On ne pouvait voir celui qui parlait ainsi.

— Trois cent dix-sept livres cinq sols sept deniers ! reprit Louis XI.

La voix lamentable qui était sortie de la cage avait glacé tous les assistants, maître Olivier lui-même. Le roi seul avait l'air de ne pas l'avoir entendue. Sur son ordre, maître Olivier reprit sa lecture, et sa majesté continua froidement l'inspection de la cage.

— «... Outre cela, il a été payé à un maçon » qui a fait les trous pour poser les grilles des fe- » nêtres, et le plancher de la chambre où est la » cage, parce que le plancher n'eût pu porter » cette cage, à cause de sa pesanteur, vingt-sept » livres quatorze sols parisis... »

La voix recommença à gémir.

— Grâce ! sire ! Je vous jure que c'est mon-

sieur le cardinal d'Angers qui a fait la trahison,
et non pas moi.

— Le maçon est rude ! dit le roi. Continue,
Olivier.

Olivier continua :

— « ... A un menuisier, pour fenêtres, cou-
» ches, selle percée et autres choses, vingt livres
» deux sols parisis... »

La voix continuait aussi.

— Hélas ! sire ! ne m'écouterez-vous pas ? Je
vous proteste que ce n'est pas moi qui ai écrit la
chose à monseigneur de Guyenne, mais monsieur
le cardinal Balue !

— Le menuisier est cher, observa le roi. —
Est-ce tout ?

— Non, sire. — « ... A un vitrier, pour les
» vitres de ladite chambre, quarante-six sols huit
» deniers parisis. »

— Faites grâce, sire ! N'est-ce donc pas assez
qu'on ait donné tous mes biens à mes juges, ma
vaisselle à M. de Torcy, ma librairie à maître
Pierre Doriolle, ma tapisserie au gouverneur du
Roussillon ? Je suis innocent. Voilà quatorze ans

que je grelotte dans une cage de fer. Faites grâce,
sire ! Vous retrouverez cela dans le ciel.

— Maître Olivier, dit le roi, le total?

— Trois cent soixante-sept livres huit sols
trois deniers parisis.

— Notre-Dame ! cria le roi. Voilà une cage
outrageuse !

Il arracha le cahier des mains de maître Olivier, et se mit à compter lui-même sur ses doigts,
en examinant tour à tour le papier et la cage.
Cependant on entendait sangloter le prisonnier.
Cela était lugubre dans l'ombre, et les visages
se regardaient en pâlissant.

— Quatorze ans, sire ! Voilà quatorze ans !
depuis le mois d'avril 1469. Au nom de la sainte
mère de Dieu, sire, écoutez-moi ! Vous avez
joui tout ce temps de la chaleur du soleil. Moi,
chétif, ne verrai-je plus jamais le jour? Grâce,
sire ! Soyez miséricordieux. La clémence est une
belle vertu royale, qui rompt les courantes de la
colère. Croit-elle, votre majesté, que ce soit à
l'heure de la mort un grand contentement pour
un roi, de n'avoir laissé aucune offense impunie ?

D'ailleurs, sire, je n'ai point trahi votre majesté ; c'est monsieur d'Angers. Et j'ai au pied une bien lourde chaîne , et une grosse boule de fer au bout, beaucoup plus pesante qu'il n'est de raison. Eh ! sire ! ayez pitié de moi !

— Olivier, dit le roi en hochant la tête , je remarque qu'on me compte le muid de plâtre à vingt sols, qui n'en vaut que douze. Vous referez ce mémoire.

Il tourna le dos à la cage , et se mit en devoir de sortir de la chambre. Le misérable prisonnier, à l'éloignement des flambeaux et du bruit, jugea que le roi s'en allait. — Sire ! sire ! cria-t-il avec désespoir. La porte se referma. Il ne vit plus rien , et n'entendit plus que la voix rauque du guichetier, qui lui chantait aux oreilles la chanson :

> Maître Jean Balue
> A perdu la vue
> De ses évêchés.
> Monsieur de Verdun
> N'en a plus pas un ;
> Tous sont dépêchés.

Le roi remontait en silence à son retrait, et son cortége le suivait, terrifié des derniers gémissements du condamné. Tout-à-coup sa majesté se tourna vers le gouverneur de la Bastille.

— A propos, dit-elle, n'y avait-il pas quelqu'un dans cette cage ?

— Pardieu, sire ! répondit le gouverneur stupéfait de la question.

— Et qui donc ?

— Monsieur l'évêque de Verdun.

Le roi savait cela mieux que personne. Mais c'était une manie.

— Ah ! dit-il avec l'air naïf d'y songer pour la première fois, Guillaume de Harancourt, l'ami de monsieur le cardinal Balue. Un bon diable d'évêque !

Au bout de quelques instants, la porte du retrait s'était rouverte, puis reclose sur les cinq personnages que le lecteur y a vus au commencement de ce chapitre, et qui y avaient repris leurs places, leurs causeries à demi-voix, et leurs attitudes.

Pendant l'absence du roi, on avait déposé sur sa table quelques dépêches, dont il rompit lui-même le cachet. Puis il se mit à les lire promptement l'une après l'autre, fit signe à *maître Olivier*, qui paraissait avoir près de lui office de ministre, de prendre une plume, et, sans lui faire part du contenu des dépêches, commença à lui en dicter à voix basse les réponses, que celui-ci écrivait assez incommodément agenouillé devant la table.

Guillaume Rym observait.

Le roi parlait si bas, que les Flamands n'entendaient rien de sa dictée, si ce n'est çà et là quelques lambeaux isolés et peu intelligibles comme : — ... Maintenir les lieux fertiles par le commerce, les stériles par les manufactures... — Faire voir aux seigneurs anglais nos quatre bombardes, la Londres, la Brabant, la Bourg-en-Bresse, la Saint-Omer... — L'artillerie est cause que la guerre se fait maintenant plus judicieusement... — A monsieur de Bressuire notre ami... — Les armées ne s'entretiennent sans les tributs... — Etc.

Une fois il haussa la voix : — Pasque-Dieu ! monsieur le roi de Sicile scelle ses lettres sur cire jaune, comme un roi de France. Nous avons peut-être tort de le lui permettre. Mon beau cousin de Bourgogne ne donnait pas d'armoiries à champ de gueules. La grandeur des maisons s'assure en l'intégrité des prérogatives. Note ceci, compère Olivier.

Une autre fois : — Oh ! oh ! dit-il, le gros message ! Que nous réclame notre frère l'empereur ? — Et parcourant des yeux la missive en coupant sa lecture d'interjections : — Certes ! les Allemagnes sont si grandes et puissantes qu'il est à peine croyable. — Mais nous n'oublions pas le vieux proverbe : La plus belle comté, est Flandre; la plus belle duché, Milan ; le plus beau royaume, France. — N'est-ce pas, messieurs les Flamands ?

Cette fois, Coppenole s'inclina avec Guillaume Rym. Le patriotisme du chaussetier était chatouillé.

Une dernière dépêche fit froncer le sourcil à Louis XI. — Qu'est cela ? s'écria-t-il. Des plaintes et quérimonies contre nos garnisons de Picardie! Olivier, écrivez en diligence à monsieur le maréchal de Rouault. — Que les disciplines se relâchent. — Que les gendarmes des ordonnances, les nobles de ban, les francs-archers, les suisses, font des maux infinis aux manants. — Que l'homme de guerre, ne se contentant pas des biens qu'il trouve en la maison des laboureurs, les contraint, à grands coups de bâton ou de voulge, à aller querir du vin à la ville, du poisson, des épiceries, et autres choses excessives. — Que monsieur le roi sait cela. — Que nous entendons garder notre peuple des inconvénients, larcins et pilleries. — Que c'est notre volonté, par Notre-Dame! — Qu'en outre il ne nous agrée pas qu'aucun ménétrier, barbier, ou valet de guerre, soit vêtu comme prince, de velours, de drap de soie et d'anneaux d'or. — Que ces vanités sont haineuses à Dieu. — Que nous nous contentons, nous qui sommes gentilhomme, d'un pourpoint de drap à seize sols l'aune de Paris. — Que messieurs les goujats peuvent bien se rabaisser jusque là, eux aussi.

— Mandez et ordonnez. — A monsieur de Rouault, notre ami. — Bien.

Il dicta cette lettre à haute voix, d'un ton ferme et par saccades. Au moment où il achevait, la porte s'ouvrit et donna passage à un nouveau personnage, qui se précipita tout effaré dans la chambre en criant : — Sire ! sire ! il y a une sédition de populaire dans Paris !

La grave figure de Louis XI se contracta ; mais ce qu'il y eut de visible dans son émotion passa comme un éclair. Il se contint, et dit avec une sévérité tranquille : — Compère Jacques, vous entrez bien brusquement !

— Sire ! sire ! il y a une révolte ! reprit le compère Jacques essoufflé.

Le roi, qui s'était levé, lui prit rudement le bras et lui dit à l'oreille, de façon à être entendu de lui seul, avec une colère concentrée et un regard oblique sur les Flamands : — Tais-toi ! ou parle bas.

Le nouveau-venu comprit, et se mit à lui faire tout bas une narration très-effarouchée que le roi écoutait avec calme, tandis que Guillaume Rym faisait remarquer à Coppenole le visage et l'habit du nouveau-venu, sa capuce fourrée, *caputia fourrata*, son épitoge courte, *epitogia curta*, sa robe de velours noir, qui annonçait un président de la Cour des comptes.

A peine ce personnage eut-il donné au roi quelques explications, que Louis XI s'écria en éclatant de rire : — En vérité ! parlez tout haut, compère Coictier ! Qu'avez-vous à parler bas ainsi ? Notre-Dame sait que nous n'avons rien de caché pour nos bons amis Flamands.

— Mais, sire...

— Parlez tout haut !

Le « compère Coictier » demeurait muet de surprise.

— Donc, reprit le roi, — parlez, monsieur, — il y a une émotion de manants dans notre bonne ville de Paris ?

— Oui, sire.

— Et qui se dirige, dites-vous, contre monsieur le bailli du Palais-de-Justice ?

— Il y a apparence, dit *le compère* qui balbutiait encore, tout étourdi du brusque et inexplicable changement qui venait de s'opérer dans les pensées du roi.

Louis XI reprit : — Où le guet a-t-il rencontré la cohue ?

— Cheminant de la grande Truanderie vers le Pont-aux-Changeurs. Je l'ai rencontrée moi-même, comme je venais ici, pour obéir aux ordres de votre majesté. J'en ai entendu quelques-uns qui criaient : A bas le bailli du Palais !

— Et quels griefs ont-ils contre le bailli ?

— Ah ! dit le compère Jacques, qu'il est leur seigneur.

— Vraiment !

— Oui, sire. Ce sont des marauds de la Cour-des-Miracles. Voilà long-temps déjà qu'ils se plaignent du bailli, dont ils sont vassaux. Ils ne veulent le reconnaître ni comme justicier ni comme voyer.

— Oui dà ! repartit le roi avec un sourire de satisfaction qu'il s'efforçait en vain de déguiser.

— Dans toutes leurs requêtes au Parlement, reprit le compère Jacques, ils prétendent n'avoir

que deux maîtres : votre majesté et leur Dieu,
qui est, je crois, le diable.

— Eh ! eh ! dit le roi.

Il se frottait les mains, il riait de ce rire intérieur qui fait rayonner le visage ; il ne pouvait
dissimuler sa joie, quoiqu'il essayât par instants
de se composer. Personne n'y comprenait rien,
pas même « maître Olivier. » Il resta un moment
silencieux, avec un air pensif, mais content.

— Sont-ils en force ? demanda-t-il tout-à-
coup.

— Oui certes, sire, répondit le compère
Jacques.

— Combien ?

— Au moins six mille.

Le roi ne put s'empêcher de dire : Bon ! Il reprit : — Sont-ils armés ?

— Des faulx, des piques, des hacquebutes,
des pioches. Toutes sortes d'armes fort violentes.

Le roi ne parut nullement inquiet de cet éta-
lage. Le compère Jacques crut devoir ajouter :

Si votre majesté n'envoie pas promptement au secours du bailli, il est perdu.

— Nous enverrons, dit le roi avec un faux air sérieux. C'est bon. Certainement nous enverrons. Monsieur le bailli est notre ami. Six mille ! Ce sont de déterminés drôles. La hardiesse est merveilleuse, et nous en sommes fort courroucé. Mais nous avons peu de monde cette nuit autour de nous. — Il sera temps demain matin.

Le compère Jacques s'écria : — Tout de suite, sire ! Le bailliage aura vingt fois le temps d'être saccagé, la seigneurie violée, le bailli pendu. Pour Dieu ! sire, envoyez avant demain matin.

Le roi le regarda en face. — Je vous ai dit demain matin.

C'était un de ces regards auxquels on ne réplique pas.

Après un silence, Louis XI éleva de nouveau la voix : — Mon compère Jacques, vous devez savoir cela. Quelle était... Il se reprit : — Quelle est la juridiction féodale du bailli ?

— Sire, le bailli du Palais a la rue de la Calandre jusqu'à la rue de l'Herberie, la place

Saint-Michel, et les lieux vulgairement nommés les Mureaux, assis près de l'église Notre-Dame-des-Champs (ici Louis XI souleva le bord de son chapeau), lesquels hôtels sont au nombre de treize, plus la Cour-des-Miracles, plus la Maladerie appelée la Banlieue, plus toute la chaussée qui commence à cette Maladerie et finit à la porte Saint-Jacques. De ces divers endroits il est voyer, haut, moyen et bas justicier, plein seigneur.

— Ouais! dit le roi en se grattant l'oreille gauche avec la main droite, cela fait un bon bout de ma ville! Ah! monsieur le bailli était roi de tout cela!

Cette fois il ne se reprit point. Il continua rêveur et comme se parlant à lui-même : — Tout beau, monsieur le bailli! vous aviez là entre les dents un gentil morceau de notre Paris.

Tout-à-coup il fit explosion : — Pasque-Dieu! qu'est-ce que c'est que ces gens qui se prétendent voyers, justiciers, seigneurs et maîtres chez nous? qui ont leur péage à tout bout de champ? leur justice et leur bourreau à tout carrefour

parmi notre peuple? de façon que, comme le
Grec se croyait autant de dieux qu'il avait de
fontaines et le Persan autant qu'il voyait d'étoiles,
le Français se compte autant de rois qu'il voit de
gibets. Pardieu! cette chose est mauvaise, et la
confusion m'en déplaît. Je voudrais bien savoir si
c'est la grâce de Dieu qu'il y ait à Paris un autre
voyer que le roi, une autre justice que notre
parlement, un autre empereur que nous dans
cet empire! Par la foi de mon âme! il faudra bien
que le jour vienne où il n'y aura en France qu'un
roi, qu'un seigneur, qu'un juge, qu'un coupe-
tête, comme il n'y a au paradis qu'un Dieu!

Il souleva encore son bonnet, et continua rêvant toujours, avec l'air et l'accent d'un chasseur
qui agace et lance sa meute. — Bon! mon peuple! bravement! brise ces faux seigneurs! fais
ta besogne. Sus! sus! pille-les, pends-les, sac-
cage-les!... Ah! vous voulez être rois, messeigneurs? Va! peuple! va!

Ici il s'interrompit brusquement, se mordit les
lèvres, comme pour rattraper sa pensée à demi
échappée, appuya tour à tour son œil perçant

sur chacun des cinq personnages qui l'entouraient, et tout-à-coup saisissant son chapeau à
deux mains et le regardant en face, il lui dit : —
Oh ! je le brûlerais si tu savais ce qu'il y a dans
ma tête.

Puis, promenant de nouveau autour de lui le
regard attentif et inquiet du renard qui rentre
sournoisement à son terrier : — Il n'importe !
nous secourrons monsieur le bailli. Par malheur,
nous n'avons que peu de troupe ici, en ce moment, contre tant de populaire. Il faut attendre
jusqu'à demain. On remettra l'ordre en la Cité,
et l'on pendra vertement tout ce qui sera pris.

— A propos ! sire, dit le compère Coictier,
j'ai oublié cela dans le premier trouble, le guet
a saisi deux traînards de la bande. Si votre majesté veut voir ces hommes, ils sont là.

— Si je veux les voir ! cria le roi. Comment !
Pasque-Dieu ! tu oublies chose pareille ! — Cours
vite, toi, Olivier ! va les chercher.

Maître Olivier sortit et rentra un moment
après avec les deux prisonniers, environnés
d'archers de l'ordonnance. Le premier avait une

grosse face idiote, ivre et étonnée. Il était vêtu de guenilles et marchait en pliant le genou et en traînant le pied, le second était une figure blême et souriante, que le lecteur connaît déjà.

Le roi les examina un instant sans mot dire, puis s'adressant brusquement au premier : — Comment t'appelles-tu ?

— Gieffroy Pincebourde.

— Ton métier ?

— Truand.

— Qu'allais-tu faire dans cette damnable sédition ?

Le truand regarda le roi, en balançant ses bras d'un air hébété. C'était une de ces têtes mal conformées, où l'intelligence est à peu près aussi à l'aise que la lumière sous l'éteignoir.

— Je ne sais pas, dit-il. On allait, j'allais.

— N'alliez-vous pas attaquer outrageusement et piller votre seigneur le bailli du Palais?

— Je sais qu'on allait prendre quelque chose chez quelqu'un. Voilà tout.

Un soldat montra au roi une serpe qu'on avait

saisie sur le truand. — Reconnais-tu cette arme ?
demanda le roi.

— Oui, c'est ma serpe ; je suis vigneron.

— Et reconnais-tu cet homme pour ton compagnon ? ajouta Louis XI, en désignant l'autre
prisonnier.

— Non. Je ne le connais pas.

— Il suffit, dit le roi. Et faisant un signe du
doigt au personnage silencieux, immobile près
de la porte, que nous avons déjà fait remarquer
au lecteur : — Compère Tristan, voilà un homme
pour vous.

Tristan-l'Hermite s'inclina. Il donna un ordre
à voix basse à deux archers qui emmenèrent le
pauvre truand.

Cependant le roi s'était approché du second
prisonnier, qui suait à grosses gouttes. — Ton
nom ?

— Sire, Pierre Gringoire.

— Ton métier ?

— Philosophe, sire.

— Comment te permets-tu, drôle, d'aller in-
vestir notre ami monsieur le bailli du Palais, et

qu'as-tu à dire de cette émotion populaire ?

— Sire, je n'en étais pas.

— Or çà ! paillard, n'as-tu pas été appréhendé par le guet dans cette mauvaise compagnie ?

— Non, sire ; il y a méprise. C'est une fatalité. Je fais des tragédies. Sire, je supplie votre majesté de m'entendre. Je suis poète. C'est la mélancolie des gens de ma profession d'aller la nuit par les rues. Je passais par là ce soir. C'est grand hasard. On m'a arrêté à tort ; je suis innocent de cette tempête civile. Votre majesté voit que le truand ne m'a pas reconnu. Je conjure votre majesté...

— Tais-toi ! dit le roi entre deux gorgées de tisane. Tu nous romps la tête.

Tristan-l'Hermite s'avança, et désignant Gringoire du doigt : — Sire, peut-on pendre aussi celui-là ?

C'était la première parole qu'il proférait.

— Peuh ! répondit négligemment le roi. Je n'y vois pas d'inconvénients.

— J'en vois beaucoup, moi ! dit Gringoire.

Notre philosophe était en ce moment plus vert qu'une olive. Il vit à la mine froide et indifférente du roi qu'il n'y avait plus de ressource que dans quelque chose de très-pathétique, et se précipita aux pieds de Louis XI en s'écriant, avec une gesticulation désespérée :

— Sire! votre majesté daignera m'entendre. Sire! n'éclatez en tonnerre sur si peu de chose que moi. La grande foudre de Dieu ne bombarde pas une laitue. Sire, vous êtes un auguste monarque très-puissant : ayez pitié d'un pauvre homme honnête, et qui serait plus empêché d'attiser une révolte qu'un glaçon de donner une étincelle! Très-gracieux sire, la débonnaireté est vertu de lion et de roi. Hélas! la rigueur ne fait qu'effaroucher les esprits; les bouffées impétueuses de la bise ne sauraient faire quitter le manteau au passant : le soleil donnant de ses rayons peu à peu, l'échauffe de telle sorte qu'il le fera mettre en chemise. Sire, vous êtes le soleil. Je vous le proteste, mon souverain maître et seigneur, je ne suis pas un compagnon truand, voleur et désordonné. La révolte et les briganderies ne sont pas de l'équipage d'Apollo. Ce n'est pas moi qui m'irai précipiter dans ces nuées qui éclatent en des bruits de séditions. Je suis un fidèle vassal de votre majesté. La même jalousie qu'a le mari pour l'honneur de sa femme, le ressentiment qu'a le fils pour l'amour de son père, un bon vassal les doit avoir pour la gloire de son roi ; il doit sécher pour le zèle de sa maison, pour l'accroissement de son service. Toute autre passion qui le transporterait ne serait que fureur. Voilà, sire, mes maximes d'état. Donc ne me jugez pas séditieux et pillard, à mon habit usé aux coudes. Si vous me faites grâce, sire, je l'userai aux genoux à prier Dieu soir et matin pour vous ! Hélas ! je ne suis pas extrêmement riche, c'est vrai. Je suis même un peu pauvre. Mais non vicieux pour cela. Ce n'est pas ma faute. Chacun sait que les grandes richesses ne se tirent pas des belles-lettres, et que les plus consommés aux bons livres n'ont pas toujours gros feu l'hiver. La seule avocasserie prend tout le grain et ne laisse que la paille aux autres professions scientifiques. Il y a quarante très-excellents proverbes sur le manteau troué des philosophes. Oh! sire! la clémence est la seule lumière qui puisse éclairer l'intérieur d'une grande âme. La clémence porte le flambeau devant toutes les autres vertus. Sans elle, ce sont des aveugles qui cherchent Dieu à tâtons. La miséricorde, qui est la même chose que la clémence, fait l'amour des sujets qui est le plus puissant corps-de-garde à la personne du prince. Qu'est-ce que cela vous fait, à vous majesté dont les faces sont éblouies, qu'il y ait un pauvre homme de plus sur la terre? un pauvre innocent philosophe, barbottant dans les ténèbres de la calamité, avec son gousset vide qui résonne sur son ventre creux? D'ailleurs, sire, je suis un lettré. Les grands rois se font une perle à leur couronne de protéger les lettres. Hercules ne dédaignait pas le titre de Musagètes. Mathias Corvin favorisait Jean de Monroyal, l'ornement des mathématiques. Or c'est une mauvaise manière de protéger les lettres que de pendre les lettrés. Quelle tache à Alexandre s'il avait fait pendre Aristoteles! Ce trait ne serait pas un petit moucheron sur le visage de sa réputation pour l'embellir, mais bien un malin ulcère pour

le défigurer. Sire! j'ai fait un très-expédient épithalame pour mademoiselle de Flandre et monseigneur le très-auguste dauphin. Cela n'est pas
d'un boute-feu de rébellion. Votre majesté voit
que je ne suis pas un grimaud, que j'ai étudié
excellemment, et que j'ai beaucoup d'éloquence
naturelle. Faites-moi grâce, sire. Cela faisant,
vous ferez une action galante à Notre-Dame, et je
vous jure que je suis très-effrayé de l'idée d'être
pendu!

En parlant ainsi, le désolé Gringoire baisait les
pantoufles du roi, et Guillaume Rym disait tout
bas à Coppenole : — Il fait bien de se traîner à
terre. Les rois sont comme le Jupiter de Crète;
ils n'ont des oreilles qu'aux pieds. — Et, sans
s'occuper de Jupiter de Crète, le chaussetier
répondait avec un lourd sourire, l'œil fixé sur
Gringoire : — Oh! que c'est bien cela! je crois
entendre le chancelier Hugonet me demander
grâce.

Quand Gringoire s'arrêta enfin tout essoufflé, il
leva la tête en tremblant vers le roi qui grattait
avec son ongle une tache que ses chausses avaient

au genou; puis sa majesté se mit à boire au hanap de tisane. Du reste, elle ne soufflait mot, et
ce silence torturait Gringoire. Le roi le regarda
enfin. — Voilà un terrible braillard! dit-il. Puis se
tournant vers Tristan-l'Hermite : — Bah! lâ-
chez-le!

Gringoire tomba sur le derrière, tout épouvanté
de joie.

— En liberté! grogna Tristan. Votre Majesté
ne veut-elle pas qu'on le retienne un peu en
cage?

— Compère, repartit Louis XI, crois-tu que
ce soit pour de pareils oiseaux que nous faisons
faire des cages de trois cent soixante-sept livres
huit sous trois deniers? — Lâchez-moi incon-
tinent le paillard (Louis XI affectionnait ce mot,
qui faisait avec *Pasque-Dieu* le fond de sa jovia-
lité), et mettez-le hors avec une bourrade.

— Ouf! s'écria Gringoire, que voilà un grand
roi !

Et de peur d'un contre-ordre, il se précipita
vers la porte que Tristan lui rouvrit d'assez
mauvaise grâce. Les soldats sortirent avec lui en

le poussant devant eux à grands coups de poing,
ce que Gringoire supporta en vrai philosophe
stoïcien.

La bonne humeur du roi, depuis que la révolte
contre le bailli lui avait été annoncée, perçait dans
tout. Cette clémence inusitée n'en était pas un médiocre signe. Tristan-l'Hermite dans son coin
avait la mine renfrognée d'un dogue qui a vu et qui
n'a pas eu.

Le roi cependant battait gaîment avec les
doigts sur le bras de sa chaise la marche de Pont-
Audemer. C'était un prince dissimulé, mais qui
savait beaucoup mieux cacher ses peines que ses
joies. Ces manifestations extérieures de joie à
toute bonne nouvelle allaient quelquefois très-
loin : ainsi, à la mort de Charles-le-Téméraire,
jusqu'à vouer des balustrades d'argent à Saint-
Martin de Tours ; à son avénement au trône,
jusqu'à oublier d'ordonner les obsèques de son
père.

— Hé ! sire ! s'écria tout-à-coup Jacques Coictier, qu'est devenue la pointe aiguë de maladie
pour laquelle votre majesté m'avait fait mander ?

— Oh! dit le roi, vraiment je souffre beaucoup, mon compère. J'ai l'oreille sibilante, et des râteaux de feu qui me râclent la poitrine.

Coictier prit la main du roi, et se mit à lui tâter le pouls avec une mine capable.

— Regardez, Coppenole, disait Rym à voix basse. Le voilà entre Coictier et Tristan. C'est là toute sa cour. Un médecin pour lui, un bourreau pour les autres.

En tâtant le pouls du roi, Coictier prenait un air de plus en plus alarmé. Louis XI le regardait avec quelque anxiété. Coictier se rembrunissait à vue d'œil. Le brave homme n'avait d'autre métairie que la mauvaise santé du roi. Il l'exploitait de son mieux.

— Oh! oh! murmura-t-il enfin; ceci est grave, en effet.

— N'est-ce pas? dit le roi inquiet.

— *Pulsus creber, anhelans, crepitans, irregularis,* continua le médecin.

— Pasque-Dieu!

— Avant trois jours, ceci peut emporter son homme.

— Notre-Dame! s'écria le roi. Et le remède, compère?

— J'y songe, sire.

Il fit tirer la langue à Louis XI, hocha la tête, fit la grimace, et tout au milieu de ces simagrées :
— Pardieu, sire, dit-il tout-à-coup, il faut que je vous conte qu'il y a une recette des régales vacante, et que j'ai un neveu.

— Je donne ma recette à ton neveu, compère Jacques, répondit le roi ; mais tire-moi ce feu de la poitrine.

— Puisque votre majesté est si clémente, reprit le médecin, elle ne refusera pas de m'aider un peu en la bâtisse de ma maison rue Saint-André-des-Arcs.

— Heuh ! dit le roi.

— Je suis au bout de ma finance, poursuivit le docteur, et il serait vraiment dommage que la maison n'eût pas de toit : non pour la maison, qui est simple et toute bourgeoise ; mais pour les peintures de Jehan Fourbault, qui en égaient le lambris. Il y a une Diane en l'air qui vole, mais si excellente, si tendre, si délicate, d'une action si ingénue, la tête si bien coiffée et couronnée d'un croissant, la chair si blanche, qu'elle donne de la tentation à ceux qui la regardent trop curieusement. Il y a aussi une Cérès. C'est encore une très-belle divinité. Elle est assise sur des gerbes de blé, et coiffée d'une guirlande galante d'épis entrelacés de salsifis et autres fleurs. Il ne se peut rien voir de plus amoureux que ses yeux, de plus rond que ses jambes, de plus noble que son air, de mieux drapé que sa jupe. C'est une des beautés les plus innocentes et les plus parfaites qu'ait produites le pinceau.

— Bourreau! grommela Louis XI, où en veux-tu venir?

— Il me faut un toit sur ces peintures, sire, et quoique ce soit peu de chose, je n'ai plus d'argent.

— Combien est-ce, ton toit?

—Mais.... un toit de cuivre historié et doré, deux mille livres au plus.

— Ah! l'assassin! cria le roi. Il ne m'arrache pas une dent qui ne soit un diamant.

—Ai-je mon toit? dit Coictier.

—Oui! et va au diable, mais guéris-moi.

Jacques Coictier s'inclina profondément et dit:
— Sire, c'est un répercussif qui vous sauvera. Nous vous appliquerons sur les reins le grand défensif, composé avec le cérat, le bol d'Arménie, le blanc d'œuf, l'huile et le vinaigre. Vous continuerez votre tisane, et nous répondons de votre majesté.

Une chandelle qui brille n'attire pas qu'un moucheron. Maître Olivier, voyant le roi en libéralité, et croyant le moment bon, s'approcha à son tour :
— Sire....

— Qu'est-ce encore? dit Louis XI.

— Sire, votre majesté sait que maître Simon Radin est mort.

—Hé bien?

— C'est qu'il était conseiller du roi sur le fait de la justice du trésor.

— Hé bien?

— Sire, sa place est vacante.

En parlant ainsi, la figure hautaine de maître Olivier avait quitté l'expression arrogante pour

l'expression basse. C'est le seul rechange qu'ait
une figure de courtisan. Le roi le regarda très en
face, et dit d'un ton sec : — Je comprends.

Il reprit :

— Maître Olivier, le maréchal de Boucicaut
disait : Il n'est don que de roi, il n'est peschier
que en la mer. Je vois que vous êtes de l'avis de
monsieur de Boucicaut. Maintenant, oyez ceci.
Nous avons bonne mémoire. En 68, nous vous
avons fait varlet de notre chambre; en 69, garde
du châtel du pont de Saint-Cloud, à cent livres
tournois de gages (vous les vouliez parisis). —
En novembre 73, par lettres données à Ger-
geaule, nous vous avons institué concierge du
bois de Vincennes, au lieu de Gilbert Acle,
écuyer; en 75, gruyer de la forêt de Rouvray-
lez-Saint-Cloud, en place de Jacques Le Maire;
en 78, nous vous avons gracieusement assis,
par lettres-patentes scellées sur double queue de
cire verte, une rente de dix livres parisis, pour
vous et votre femme, sur la place aux marchands,
sise à l'école Saint-Germain; en 79, nous vous
avons fait gruyer de la forêt de Senart, au lieu

de ce pauvre Jehan Daiz; puis capitaine du châ-
teau de Loches; puis gouverneur de Saint-Quen-
tin; puis capitaine du pont de Meulan, dont vous
vous faites appeler comte. Sur les cinq sols d'a-
mende que paie tout barbier qui rase un jour de
fête, il y a trois sols pour vous, et nous avons
votre reste. Nous avons bien voulu changer votre
nom de *le Mauvais*, qui ressemblait trop à votre
mine. En 74, nous vous avons octroyé, au grand
déplaisir de notre noblesse, des armoiries de
mille couleurs qui vous font une poitrine de paon.
Pasque-Dieu! n'êtes-vous pas saoul? La pesche-
rie n'est-elle point assez belle et miraculeuse? Et
ne craignez-vous pas qu'un saumon de plus ne
fasse chavirer votre bateau? L'orgueil vous per-
dra, mon compère. L'orgueil est toujours ta-
lonné de la ruine et de la honte. Considérez ceci,
et taisez-vous.

Ces paroles, prononcées avec sévérité, firent
revenir à l'insolence la physionomie dépitée de
maître Olivier. — Bon, murmura-t-il presque
tout haut, on voit bien que le roi est malade aujourd'hui. Il donne tout au médecin.

Louis XI, loin de s'irriter de cette incartade, reprit avec quelque douceur : — Tenez, j'oubliais encore que je vous ai fait mon ambassadeur à Gand près de madame Marie. — Oui, messieurs, ajouta le roi en se tournant vers les Flamands, celui-ci a été ambassadeur. — Là, mon compère, poursuivit-il en s'adressant à maître Olivier, ne nous fâchons pas ; nous sommes vieux amis. Voilà qu'il est très-tard. Nous avons terminé notre travail. Rasez-moi.

Nos lecteurs n'ont sans doute pas attendu jusqu'à présent pour reconnaître dans *maître Olivier* ce Figaro terrible que la Providence, cette grande faiseuse de drames, a mêlé si artistement à la longue et sanglante comédie de Louis XI. Ce n'est pas ici que nous entreprendrons de développer cette figure singulière. Ce barbier du roi avait trois noms. A la cour, on l'appelait poliment Olivier-le-Daim ; parmi le peuple, Olivier-le-Diable. Il s'appelait, de son vrai nom, Olivier-le-Mauvais.

Olivier-le-Mauvais donc resta immobile, boudant le roi, et regardant Jacques Coictier de travers. — Oui, oui! le médecin! disait-il entre ses dents.

— Eh! oui, le médecin! reprit Louis XI avec une bonhomie singulière, le médecin a plus de crédit encore que toi. C'est tout simple. Il a prise sur nous par tout le corps, et tu ne nous tiens que par le menton. Va, mon pauvre barbier, cela se retrouvera. Que dirais-tu donc, et que deviendrait ta charge, si j'étais un roi comme le roi Chilpéric, qui avait pour geste de tenir sa barbe d'une main? — Allons, mon compère, vaque à ton office, rase-moi. Va chercher ce qu'il te faut.

Olivier, voyant que le roi avait pris le parti de rire et qu'il n'y avait pas même moyen de le fâcher, sortit en grondant pour exécuter ses ordres.

Le roi se leva, s'approcha de la fenêtre, et tout-à-coup l'ouvrant avec une agitation extraordinaire : — Oh! oui! s'écria-t-il en battant des mains, voilà une rougeur dans le ciel sur la Cité. C'est le bailli qui brûle. Ce ne peut être que cela. Ah! mon bon peuple! voilà donc que tu m'aides enfin à l'écroulement des seigneuries!

Alors, se tournant vers les Flamands : — Messieurs, venez voir ceci. N'est-ce pas un feu qui rougeoie?

Les deux Gantois s'approchèrent.

— Un grand feu, dit Guillaume Rym.

— Ho! ajouta Coppenole, dont les yeux étincelèrent tout-à-coup, cela me rappelle le brûlement de la maison du seigneur d'Hymbercourt. Il doit y avoir une grosse révolte là-bas.

— Vous croyez, maître Coppenole? Et le regard de Louis XI était presque aussi joyeux que celui du chaussetier. N'est-ce pas, qu'il sera difficile d'y résister?

— Croix-Dieu! sire! Votre majesté ébréchera là-dessus bien des compagnies de gens de guerre.

— Ah! moi! c'est différent, repartit le roi. Si je voulais...

Le chaussetier répondit hardiment :

— Si cette révolte est ce que je suppose, vous auriez beau vouloir, sire.

— Compère, dit Louis XI, avec deux compagnies de mon ordonnance et une volée de serpentine, on a bon marché d'une populace de manants.

Le chaussetier, malgré les signes que lui faisait Guillaume Rym, paraissait déterminé à tenir tête au roi : — Sire, les suisses aussi étaient des manants. Monsieur le duc de Bourgogne était un grand gentilhomme, et il faisait fi de cette canaille. A la bataille de Grandson, sire, il criait : Gens de canons, feu sur ces vilains ! et il jurait par saint Georges. Mais l'avoyer Scharnachtal se rua sur le beau duc avec sa massue et son peuple, et de la rencontre des paysans à peaux de buffle la luisante armée bourguignone s'éclata comme une vitre au choc d'un caillou. Il y eut là bien des chevaliers de tués par des marauds ; et l'on trouva monsieur de Château-Guyon, le plus grand seigneur de la Bourgogne, mort avec son grand cheval grison dans un petit pré de marais.

— L'ami, repartit le roi, vous parlez d'une bataille. Il s'agit d'une mutinerie. Et j'en viendrai à bout quand il me plaira de froncer le sourcil.

L'autre répliqua avec indifférence :

— Cela se peut, sire. En ce cas, c'est que l'heure du peuple n'est pas venue.

Guillaume Rym crut devoir intervenir : — Maître Coppenole, vous parlez à un puissant roi.

— Je le sais, répondit gravement le chausse-tier.

— Laissez-le dire, monsieur Rym mon ami, dit le roi ; j'aime ce franc-parler. Mon père Charles septième disait que la vérité était malade. Je croyais, moi, qu'elle était morte, et qu'elle n'avait point trouvé de confesseur. Maître Coppenole me détrompe.

Alors, posant familièrement sa main sur l'é-paule de Coppenole : — Vous disiez donc, maître Jacques...

— Je dis, sire, que vous avez peut-être raison, que l'heure du peuple n'est pas venue chez vous.

Louis XI le regarda avec son œil pénétrant.

— Et quand viendra cette heure, maître ?

— Vous l'entendrez sonner.

— A quelle horloge, s'il vous plaît ?

Coppenole, avec sa contenance tranquille et rustique, fit approcher le roi de la fenêtre. — Écoutez, sire ! Il y a ici un donjon, un beffroi, des canons, des bourgeois, des soldats. Quand le beffroi bourdonnera, quand les canons gronderont, quand le donjon croulera à grand bruit, quand bourgeois et soldats hurleront et s'entre-tueront, c'est l'heure qui sonnera.

Le visage de Louis XI devint sombre et rêveur. Il resta un moment silencieux, puis il frappa doucement de la main, comme on flatte une croupe de destrier, l'épaisse muraille du donjon. — Oh ! que non ! dit-il. N'est-ce pas que tu ne crouleras pas si aisément, ma bonne Bastille ?

Et se tournant d'un geste brusque vers le hardi Flamand : — Avez-vous jamais vu une révolte, maître Jacques ?

— J'en ai fait, dit le chaussetier.

— Comment faites-vous, dit le roi, pour faire une révolte ?

— Ah ! répondit Coppenole, ce n'est pas bien difficile. Il y a cent façons. D'abord il faut qu'on soit mécontent dans la ville. La chose n'est pas rare. Et puis le caractère des habitants. Ceux de Gand sont commodes à la révolte. Ils aiment toujours le fils du prince, le prince jamais. Eh bien! un matin, je suppose, on entre dans ma boutique, on me dit: Père Coppenole, il y a ceci, il y a cela, la demoiselle de Flandre veut sauver ses ministres, le grand-bailli double le tru de l'esgrin, ou autre chose. Ce qu'on veut. Moi, je laisse là l'ouvrage, je sors de ma chausseterie, et je vais dans la rue, et je crie : A sac! Il y a bien toujours là quelque futaille défoncée. Je monte dessus, et je dis tout haut les premières paroles venues, ce que j'ai sur le cœur; et quand on est du peuple, sire, on a toujours quelque chose sur le cœur. Alors on s'attroupe, on crie, on sonne le tocsin, on arme les manants du désarmement des soldats, les gens du marché s'y joignent, et l'on va. Et ce sera toujours ainsi, tant qu'il y aura des seigneurs dans les seigneuries, des bourgeois dans les bourgs, et des paysans dans les pays,

— Et contre qui vous rebellez-vous ainsi? demanda le roi. Contre vos baillis? contre vos seigneurs?

— Quelquefois, c'est selon. Contre le duc aussi, quelquefois.

Louis XI alla se rasseoir, et dit avec un sourire : — Ah ! ici, ils n'en sont encore qu'aux baillis !

En cet instant Olivier-le-Daim rentra. Il était suivi de deux pages qui portaient les toilettes du roi ; mais ce qui frappa Louis XI, c'est qu'il était en outre accompagné du prevôt de Paris et du chevalier du guet, lesquels paraissaient consternés. Le rancuneux barbier avait aussi l'air consterné, mais content en dessous. C'est lui qui prit la parole : — Sire, je demande pardon à votre majesté de la calamiteuse nouvelle que je lui apporte.

Le roi, en se tournant vivement, écorcha la natte du plancher avec les pieds de sa chaise : — Qu'est-ce à dire ?

— Sire, reprit Olivier-le-Daim avec la mine méchante d'un homme qui se réjouit d'avoir à porter un coup violent, ce n'est pas sur le bailli du Palais que se rue cette sédition populaire.

— Et sur qui donc?

— Sur vous, sire.

Le vieux roi se dressa debout et droit comme un jeune homme : — Explique-toi, Olivier! explique-toi! Et tiens bien ta tête, mon compère; car je te jure, par la croix de Saint-Lô, que, si tu nous mens à cette heure, l'épée qui a coupé le cou de monsieur de Luxembourg n'est pas si ébréchée qu'elle ne scie encore le tien!

Le serment était formidable; Louis XI n'avait juré que deux fois dans sa vie par la croix de Saint-Lô. Olivier ouvrit la bouche pour répondre : — Sire....

— Mets-toi à genoux! interrompit violemment le roi. Tristan, veillez sur cet homme!

Olivier se mit à genoux, et dit froidement : — Sire, une sorcière a été condamnée à mort par votre cour de Parlement. Elle s'est réfugiée dans Notre-Dame. Le peuple l'y veut reprendre de vive force. Monsieur le prevôt et monsieur le chevalier du guet, qui viennent de l'émeute, sont là pour me démentir si ce n'est pas la vérité. C'est Notre-Dame que le peuple assiége.

— Oui-dà! dit le roi à voix basse, tout pâle et tout tremblant de colère. Notre-Dame! Ils assiégent dans sa cathédrale Notre-Dame, ma bonne maîtresse! — Relève-toi, Olivier. Tu as raison. Je te donne la charge de Simon Radin. Tu as raison. — C'est à moi qu'on s'attaque. La sorcière est sous la sauvegarde de l'église, l'église est sous ma sauvegarde. Et moi qui croyais qu'il s'agissait du bailli! C'est contre moi!

Alors, rajeuni par la fureur, il se mit à marcher à grands pas. Il ne riait plus, il était terrible, il allait et venait; le renard s'était changé en hyène. Il semblait suffoqué à ne pouvoir parler; ses lèvres remuaient, et ses poings décharnés se crispaient. Tout-à-coup il releva la tête, son œil cave parut plein de lumière, et sa voix éclata comme un clairon. — Main basse, Tristan! main basse sur ces coquins! Va, Tristan mon ami! tue! tue!

Cette éruption passée, il vint se rasseoir, et dit avec une rage froide et concentrée :

— Ici, Tristan! — Il y a près de nous dans cette Bastille les cinquante lances du vicomte de

Gif, ce qui fait trois cents chevaux : vous les prendrez. Il y a aussi la compagnie des archers de notre ordonnance de monsieur de Château-pers : vous la prendrez. Vous êtes prevôt des maréchaux, vous avez les gens de votre prevôté : vous les prendrez. A l'hôtel Saint-Pol, vous trouverez quarante archers de la nouvelle garde de monsieur le Dauphin : vous les prendrez. Et avec tout cela, vous allez courir à Notre-Dame. — Ah ! messieurs les manants de Paris, vous vous jetez ainsi tout au travers de la couronne de France, de la sainteté de Notre-Dame et de la paix de cette république ! — Extermine ! Tristan ! extermine ! et que pas un n'en réchappe que pour Montfaucon.

Tristan s'inclina. — C'est bon, sire.

Il ajouta après un silence : — Et que ferai-je de la sorcière ?

Cette question fit songer le roi.

— Ah ! dit-il, la sorcière ! — Monsieur d'Estouteville, qu'est-ce que le peuple en voulait faire ?

— Sire, répondit le prevôt de Paris, j'imagine que, puisque le peuple la vient arracher de son asile de Notre-Dame, c'est que cette impunité le blesse et qu'il la veut pendre.

Le roi parut réfléchir profondément; puis, s'adressant à Tristan-l'Hermite : — Eh bien ! mon compère, extermine le peuple et pends la sorcière.

— C'est cela, dit tout bas Rym à Coppenole : punir le peuple de vouloir, et faire ce qu'il veut.

— Il suffit, sire, répondit Tristan. Si la sorcière est encore dans Notre-Dame, faudra-t-il l'y prendre malgré l'asile?

— Pasque-Dieu , l'asile! dit le roi en se grattant l'oreille. Il faut pourtant que cette femme soit pendue.

Ici, comme pris d'une idée subite, il se rua à genoux devant sa chaise , ôta son chapeau, le posa sur le siége, et regardant dévotement l'une des amulettes de plomb qui le chargeaient:—Oh ! dit-il les mains jointes, Notre-Dame de Paris , ma gracieuse patrone, pardonnez-moi. Je ne le ferai que cette fois. Il faut punir cette criminelle. Je vous assure, madame la Vierge ma bonne maîtresse, que c'est une sorcière qui n'est pas digne de votre aimable protection. Vous savez, madame, que bien des princes très-pieux ont outre-passé le privilége des églises pour la gloire de Dieu et la nécessité de l'état. Saint Hugues, évêque d'Angleterre, a permis au roi Édouard de prendre un magicien dans son église. Saint Louis de France, mon maître, a transgressé pour le même objet l'église de monsieur saint Paul; et monsieur Alphonse, fils du roi de Jérusalem, l'église même du Saint-Sépulcre. Pardonnez-moi donc pour cette fois, Notre-Dame de Paris. Je ne le ferai plus, et je vous donnerai une belle statue d'argent, pareille à celle que j'ai donnée l'an passé à Notre-Dame d'Écouys. Ainsi-soit-il.

Il fit un signe de croix, se releva, se recoiffa, et dit à Tristan: — Faites diligence, mon compère. Prenez monsieur de Châteaupers avec vous. Vous ferez sonner le tocsin. Vous écraserez le populaire. Vous pendrez la sorcière. C'est dit. Et j'entends que le pourchas de l'exécution soit fait par vous. Vous m'en rendrez compte. — Allons, Olivier, je ne me coucherai pas cette nuit. Rase-moi.

Tristan-l'Hermite s'inclina et sortit. Alors le roi, congédiant du geste Rym et Coppenole : — Dieu vous garde, messieurs mes bons amis les Flamands. Allez prendre un peu de repos. La nuit s'avance, et nous sommes plus près du matin que du soir.

Tous deux se retirèrent, et en gagnant leurs appartements sous la conduite du capitaine de la Bastille, Coppenole disait à Guillaume Rym : — Hum ! j'en ai assez de ce roi qui tousse ! J'ai vu Charles de Bourgogne ivre ; il était moins méchant que Louis XI malade.

— Maître Jacques, répondit Rym, c'est que les rois ont le vin moins cruel que la tisane.

VI

—

En sortant de la Bastille, Gringoire descendit
la rue Saint-Antoine de la vitesse d'un cheval
échappé. Arrivé à la porte Baudoyer, il marcha
droit à la croix de pierre qui se dressait au milieu
de cette place, comme s'il eût pu distinguer dans
l'obscurité la figure d'un homme vêtu et en-

capuchonné de noir, qui était assis sur les marches de la croix. — Est-ce vous, maître? dit Gringoire.

Le personnage noir se leva. — Mort et passion! Vous me faites bouillir, Gringoire. L'homme qui est sur la tour de Saint-Gervais vient de crier une heure et demie du matin.

— Oh! repartit Gringoire, ce n'est pas ma faute; mais celle du guet et du roi. Je viens de l'échapper belle! Je manque toujours d'être pendu. C'est ma prédestination.

— Tu manque tout, dit l'autre. Mais allons vite. As-tu le mot de passe?

— Figurez-vous, maître, que j'ai vu le roi. J'en viens. Il a une culotte de futaine. C'est une aventure.

— Oh! quenouille de paroles! que me fait ton aventure? As-tu le mot de passe des truands?

— Je l'ai. Soyez tranquille. *Petite Flambe en baguenaud*.

— Bien. Autrement nous ne pourrions pénétrer jusqu'à l'église. Les truands barrent les rues. Heureusement il paraît qu'ils ont trouvé de la résistance. Nous arriverons peut-être encore à temps.

— Oui, maître. Mais comment entrerons-nous dans Notre-Dame ?

— J'ai la clef des tours.

— Et comment en sortirons-nous ?

— Il y a derrière le cloître une petite porte qui donne sur le Terrain et de là sur l'eau. J'en ai pris la clef, et j'y ai amarré un bateau ce matin.

— J'ai joliment manqué d'être pendu ! reprit Gringoire.

— Eh vite ! allons ! dit l'autre.

Tous deux descendirent à grands pas vers la Cité.

VII

CHATEAUPERS A LA RESCOUSSE !

Le lecteur se souvient peut-être de la situation
critique où nous avons laissé Quasimodo. Le
brave sourd, assailli de toutes parts, avait perdu,
sinon tout courage, du moins tout espoir de
sauver, non pas lui (il ne songeait pas à lui),
mais l'égyptienne. Il courait éperdu sur la gale-

rie. Notre-Dame allait être enlevée par les truands.
Tout-à-coup un grand galop de chevaux emplit
les rues voisines, et avec une longue file de torches et une épaisse colonne de cavaliers abattant
lances et brides, ces bruits furieux débouchèrent
sur la place comme un ouragan : France! France!
Taillez les manants! Châteaupers à la rescousse!
Prevôté! prevôté!

Les truands effarés firent volte face.

Quasimodo, qui n'entendait pas, vit les épées
nues, les flambeaux, les fers de piques, toute
cette cavalerie en tête de laquelle il reconnut le
capitaine Phœbus; il vit la confusion des truands,
l'épouvante chez les uns, le trouble chez les
meilleurs, et il reprit de ce secours inespéré tant
de force qu'il rejeta hors de l'église les premiers
assaillants qui enjambaient déjà la galerie.

C'était en effet les troupes du roi qui surve-
naient.

Les truands firent bravement. Ils se défendi-
rent en désespérés. Pris en flanc par la rue Saint-
Pierre-aux-Bœufs et en queue par la rue du Parvis, acculés à Notre-Dame qu'ils assaillaient

encore et que défendait Quasimodo, tout à la
fois assiégeants et assiégés, ils étaient dans la situation singulière où se retrouva depuis, au fameux siége de Turin, en 1640, entre le prince
Thomas de Savoie qu'il assiégeait et le marquis
de Leganez qui le bloquait, le comte Henri d'Har-
court, *Taurinum obsessor idem et obsessus*,
comme dit son épitaphe.

La mêlée fut affreuse. A chair de loup dent de
chien, comme dit P. Mathieu. Les cavaliers du
roi, au milieu desquels Phœbus de Châteaupers
se comportait vaillamment, ne faisaient aucun
quartier, et la taille reprenait ce qui échappait à
l'estoc. Les truands, mal armés, écumaient et
mordaient. Hommes, femmes, enfants, se jetaient aux croupes et aux poitrails des chevaux,
et s'y accrochaient comme des chats avec les dents
et les ongles des quatre membres. D'autres tam-
ponnaient à coups de torches le visage des archers. D'autres piquaient des crocs de fer au cou
des cavaliers et tiraient à eux. Ils déchiquetaient
ceux qui tombaient. On en remarqua un qui avait
une large faux luisante, et qui faucha long-temps

les jambes des chevaux. Il était effrayant. Il chantait une chanson nasillarde, il lançait sans relâche et ramenait sa faux. A chaque coup, il traçait autour de lui un grand cercle de membres coupés. Il avançait ainsi au plus fourré de la cavalerie, avec la lenteur tranquille, le balancement de tête et l'essoufflement régulier d'un moissonneur qui entame un champ de blé. C'était Clopin Trouillefou. Une arquebusade l'abattit.

Cependant les croisées s'étaient rouvertes. Les voisins, entendant les cris de guerre des gens du roi, s'étaient mêlés à l'affaire, et de tous les étages les balles pleuvaient sur les truands. Le parvis était plein d'une fumée épaisse que la mousqueterie rayait de feu. On y distinguait confusément la façade de Notre-Dame, et l'Hôtel-Dieu décrépit, avec quelques haves malades qui regardaient du haut de son toit écaillé de lucarnes.

Enfin les truands cédèrent. La lassitude, le défaut de bonnes armes, l'effroi de cette surprise, la mousqueterie de fenêtres, le brave choc des

gens du roi, tout les abattit. Ils forcèrent la ligne
des assaillants, et se mirent à fuir dans toutes les
directions, laissant dans le parvis un encombre-
ment de morts.

Quand Quasimodo, qui n'avait pas cessé un
moment de combattre, vit cette déroute, il tomba
à deux genoux, et leva les mains au ciel, puis,
ivre de joie, il courut, il monta avec la vitesse
d'un oiseau à cette cellule dont il avait si intrépidement défendu les approches. Il n'avait plus
qu'une pensée maintenant, c'était de s'agenouil-
ler devant celle qu'il venait de sauver une seconde
fois.

Lorsqu'il entra dans la cellule, il la trouva
vide.

LIVRE ONZIÈME.

Alfred Johannot pl.
Wm E. Finden sc.

I

LE PETIT SOULIER.

—

Au moment où les truands avaient assailli l'é-
glise, la Esmeralda dormait.

Bientôt la rumeur toujours croissante autour
de l'édifice et le bêlement inquiet de sa chèvre
éveillée avant elle l'avaient tirée de ce sommeil.
Elle s'était levée sur son séant, elle avait écouté,

elle avait regardé ; puis, effrayée de la lueur et du bruit, elle s'était jetée hors de la cellule et avait été voir. L'aspect de la place, la vision qui s'y agitait, le désordre de cet assaut nocturne, cette foule hideuse, sautelante comme une nuée de grenouilles, à demi entrevue dans les ténèbres, le coassement de cette rauque multitude, ces quelques torches rouges courant et se croisant sur cette ombre comme les feux de nuit qui rayent la surface brumeuse des marais, toute cette scène lui fit l'effet d'une mystérieuse bataille engagée entre les fantômes du sabbat et les monstres de pierre de l'église. Imbue dès l'enfance des superstitions de la tribu bohémienne, sa première pensée fut qu'elle avait surpris en maléfice les étranges êtres propres à la nuit. Alors elle courut épouvantée se tapir dans sa cellule, demandant à son grabat un moins horrible cauchemar.

Peu à peu les premières fumées de la peur s'étaient pourtant dissipées ; au bruit sans cesse grandissant, et à plusieurs autres signes de réalité, elle s'était sentie investie, non de spectres,

mais d'êtres humains. Alors sa frayeur, sans s'ac-
croître, s'était transformée. Elle avait songé à la
possibilité d'une mutinerie populaire pour l'arracher de son asile. L'idée de reperdre encore une
fois la vie, l'espérance, Phœbus, qu'elle entre-
voyait toujours dans son avenir, le profond néant
de sa faiblesse, toute fuite fermée, aucun appui,
son abandon, son isolement, ces pensées et mille
autre l'avaient accablée. Elle était tombée à genoux, la tête sur son lit, les mains jointes sur sa
tête, pleine d'anxiété et de frémissement, et quoique égyptienne, idolâtre et païenne, elle s'était
mise à demander avec sanglots grâce au bon Dieu
chrétien et à prier Notre-Dame son hôtesse. Car,
ne crût-on à rien, il y a des moments dans la vie
où l'on est toujours de la religion du temple qu'on
a sous la main.

Elle resta ainsi prosternée fort long-temps,
tremblant, à la vérité, plus qu'elle ne priait, glacée au souffle de plus en plus rapproché de cette
multitude furieuse, ne comprenant rien à ce dé-
chaînement, ignorant ce qui se tramait, ce qu'on
faisait, ce qu'on voulait, mais pressentant une issue terrible.

Voilà qu'au milieu de cette angoisse elle entend marcher près d'elle. Elle se détourne. Deux hommes, dont l'un portait une lanterne, venaient d'entrer dans sa cellule. Elle poussa un faible cri.

— Ne craignez rien, dit une voix qui ne lui était pas inconnue, c'est moi.

— Qui? vous? demanda-t-elle.

— Pierre Gringoire.

Ce nom la rassura. Elle releva les yeux, et reconnut en effet le poëte. Mais il y avait auprès de lui une figure noire et voilée de la tête aux pieds qui la frappa de silence.

— Ah! reprit Gringoire d'un ton de reproche, Djali m'avait reconnu avant vous!

La petite chèvre en effet n'avait pas attendu que Gringoire se nommât. A peine était-il entré qu'elle s'était tendrement frottée à ses genoux, couvrant le poëte de caresses et de poils blancs, car elle était en mue. Gringoire lui rendait les caresses.

— Qui est là avec vous? dit l'égyptienne à voix basse.

— Soyez tranquille, répondit Gringoire. C'est un de mes amis.

Alors le philosophe, posant sa lanterne à terre, s'accroupit sur la dalle, et s'écria avec enthousiasme en serrant Djali dans ses bras : — Oh ! c'est une gracieuse bête, sans doute plus considérable pour sa propreté que pour sa grandeur, mais ingénieuse, subtile, et lettrée comme un grammairien ! Voyons, ma Djali, n'as-tu rien oublié de tes jolis tours ? comment fait maître Jacques Charmolue ?...

L'homme noir ne le laissa pas achever. Il s'approcha de Gringoire et le poussa rudement par l'épaule. Gringoire se leva. — C'est vrai, dit-il : j'oubliais que nous sommes pressés. — Ce n'est pourtant pas une raison, mon maître, pour forcener les gens de la sorte. — Ma chère belle enfant, votre vie est en danger, et celle de Djali. On veut vous rependre. Nous sommes vos amis, et nous venons vous sauver. Suivez-nous.

— Est-il vrai ? s'écria-t-elle bouleversée.

— Oui, très-vrai. Venez vite !

— Je le veux bien, balbutia-t-elle. Mais pourquoi votre ami ne parle-t-il pas ?

— Ah ! dit Gringoire, c'est que son père et sa mère étaient des gens fantasques qui l'ont fait de tempérament taciturne.

Il fallut qu'elle se contentât de cette explication. Gringoire la prit par la main ; son compagnon ramassa la lanterne, et marcha devant. La peur étourdissait la jeune fille. Elle se laissa emmener. La chèvre les suivait en sautant, si joyeuse de revoir Gringoire qu'elle le faisait trébucher à tout moment pour lui fourrer ses cornes dans les jambes. — Voilà la vie, disait le philosophe chaque fois qu'il manquait de tomber ; ce sont souvent nos meilleurs amis qui nous font choir !

Ils descendirent rapidement l'escalier des tours, traversèrent l'église, pleine de ténèbres et de solitude et toute résonnante de vacarme, ce qui faisait un affreux contraste, et sortirent dans la cour du cloître par la porte-rouge. Le cloître était abandonné, les chanoines s'étaient enfuis dans l'évêché pour y prier en commun ; la cour

était vide, quelques laquais effarouchés s'y blot-
tissaient dans les coins obscurs. Ils se dirigèrent
vers la petite porte qui donnait de cette cour sur
le Terrain. L'homme noir l'ouvrit avec une clef
qu'il avait. Nos lecteurs savent que le Terrain
était une langue de terre enclose de murs du
côté de la Cité et appartenant au chapitre de
Notre-Dame, qui terminait l'île à l'orient derrière l'église. Ils trouvèrent cet enclos parfaitement désert. Là, il y avait déjà moins de tumulte
dans l'air. La rumeur de l'assaut des truands
leur arrivait plus brouillée et moins criarde. Le
vent frais qui suit le fil de l'eau remuait les feuilles de l'arbre unique planté à la pointe du Terrain avec un bruit déjà appréciable. Cependant
ils étaient encore fort près du péril. Les édifices
les plus rapprochés d'eux étaient l'évêché et l'é-
glise. Il y avait visiblement un grand désordre
intérieur dans l'évêché. Sa masse ténébreuse
était toute sillonnée de lumières qui y couraient
d'une fenêtre à l'autre; comme, lorsqu'on vient
de brûler du papier, il reste un sombre édifice de
cendre où de vives étincelles font mille courses

bizarres. A côté, les énormes tours de Notre-Dame, ainsi vues de derrière avec la longue nef sur laquelle elles se dressent, découpées en noir sur la rouge et vaste lueur qui emplissait le parvis, ressemblaient aux deux chenets gigantesques d'un feu de cyclopes.

Ce qu'on voyait de Paris de tous côtés oscillait à l'œil dans une ombre mêlée de lumière. Rembrandt a de ces fonds de tableau.

L'homme à la lanterne marcha droit à la pointe du Terrain. Il y avait là, au bord extrême de l'eau, le débris vermoulu d'une haie de pieux maillée de lattes, où une basse vigne accrochait quelques maigres branches étendues comme les doigts d'une main ouverte. Derrière, dans l'ombre que faisait ce treillis, une petite barque était cachée. L'homme fit signe à Gringoire et à sa compagne d'y entrer. La chèvre les y suivit. L'homme y descendit le dernier; puis il coupa l'amarre du bateau, l'éloigna de terre avec un long croc, et, saisissant deux rames, s'assit à l'avant, en ramant de toutes ses forces vers le large. La Seine est fort rapide en cet endroit.

et il eut assez de peine à quitter la pointe de
l'île.

Le premier soin de Gringoire, en entrant dans
le bateau, fut de mettre la chèvre sur ses genoux.
Il prit place à l'arrière ; et la jeune fille, à qui
l'inconnu inspirait une inquiétude indéfinissable,
vint s'asseoir et se serrer contre le poète.

Quand notre philosophe sentit le bateau s'é-
branler, il battit des mains, et baisa Djali entre
les cornes. — Oh ! dit-il, nous voilà sauvés tous
quatre. Il ajouta, avec une mine de profond
penseur : — On est obligé, quelquefois à la for-
tune, quelquefois à la ruse, de l'heureuse issue
des grandes entreprises.

Le bateau voguait lentement vers la rive
droite. La jeune fille observait avec une terreur
secrète l'inconnu. Il avait rebouché soigneuse-
ment la lumière de sa lanterne sourde. On l'entre-
voyait dans l'obscurité, à l'avant du bateau,
comme un spectre. Sa carapoue, toujours baissée, lui faisait une sorte de masque ; et à chaque
fois qu'il entr'ouvrait en ramant ses bras où pendaient de larges manches noires, on eût dit deux

grandes ailes de chauve-souris. Du reste, il n'avait pas encore dit une parole, jeté un souffle. Il ne se faisait dans le bateau d'autre bruit que le va-et-vient de la rame, mêlé au froissement des mille plis de l'eau le long de la barque.

— Sur mon âme ! s'écria tout-à-coup Gringoire, nous sommes alègres et joyeux comme des ascalaphes ! Nous observons un silence de pythagoriciens ou de poissons ! Pasque-Dieu ! mes amis, je voudrais bien que quelqu'un me parlât. — La voix humaine est une musique à l'oreille humaine. Ce n'est pas moi qui dis cela, mais Didyme d'Alexandrie, et ce sont d'illustres paroles. — Certes, Didyme d'Alexandrie n'est pas un médiocre philosophe. —Une parole, ma belle enfant ! dites-moi, je vous supplie, une parole.

— A propos, vous aviez une drôle de petite singulière moue ; la faites-vous toujours ? Savez-vous, ma mie, que le parlement a toute juridiction sur les lieux d'asile, et que vous couriez grand péril dans votre logette de Notre-Dame ? Hélas ! le petit oiseau trochylus fait son nid dans la gueule du crocodile. — Maître, voici la lune qui reparaît. — Pourvu qu'on ne nous aperçoive pas ! — Nous faisons une chose louable en sauvant madamoiselle, et cependant on nous pendrait de par le roi si l'on nous attrapait. Hélas ! les actions humaines se prennent par deux anses. On flétrit en moi ce qu'on couronne en toi. Tel admire César qui blâme Catilina. N'est-ce pas, mon maître? Que dites-vous de cette philosophie? Moi, je possède la philosophie d'instinct, de nature, *ut apes geometriam.* — Allons ! personne ne me répond. Les fâcheuses humeurs que vous avez là tous deux ! Il faut que je parle tout seul. C'est ce que nous appelons en tragédie une monologue. — Pasque-Dieu ! — Je vous préviens que je viens de voir le roi Louis onzième, et que j'en ai retenu ce jurement. — Pasque-Dieu, donc ! ils font toujours un fier hurlement dans la Cité. — C'est un vilain méchant vieux roi. Il est tout embrunché dans les fourrures. Il me doit toujours l'argent de mon épithalame, et c'est tout au plus s'il ne m'a pas fait pendre ce soir, ce qui m'aurait fort empêché. — Il est avaricieux pour les hommes de mérite. Il devrait bien lire les quatre livres de Salvien de Cologne *Ad-versus avaritiam*. En vérité ! c'est un roi étroit dans ses façons avec les gens de lettres, et qui fait des cruautés fort barbares. C'est une éponge à prendre l'argent posée sur le peuple. Son épargne est la ratelle qui s'enfle de la maigreur de tous les autres membres. Aussi les plaintes contre la rigueur du temps deviennent murmures contre le prince. Sous ce doux sire dévot, les fourches craquent de pendus, les billots pourrissent de sang, les prisons crèvent comme des ventres trop pleins. Ce roi a une main qui prend et une main qui pend. C'est le procureur de dame Gabelle et de monseigneur Gibet. Les grands sont dépouillés de leurs dignités, et les petits sans cesse accablés de nouvelles foules. C'est un prince exorbitant. Je n'aime pas ce monarque. Et vous, mon maître ?

L'homme noir laissait gloser le bavard poëte. Il continuait de lutter contre le courant violent et serré qui sépare la proue de la Cité de la poupe de l'île Notre-Dame, que nous nommons aujourd'hui l'île Saint-Louis.

— A propos, maître! reprit Gringoire subitement. Au moment où nous arrivions sur le parvis à travers les enragés truands, votre révérence a-t-elle remarqué ce pauvre petit diable auquel votre sourd était en train d'écraser la cervelle sur la rampe de la galerie des rois? J'ai la vue basse, et ne l'ai pu reconnaître? Savez-vous qui ce peut être?

L'inconnu ne répondit pas une parole. Mais il cessa brusquement de ramer, ses bras défaillirent comme brisés, sa tête tomba sur sa poitrine, et la Esmeralda l'entendit soupirer convulsivement. Elle tressaillit de son côté. Elle avait déjà entendu de ces soupirs-là.

La barque abandonnée à elle-même dériva quelques instants au gré de l'eau. Mais l'homme noir se redressa enfin, ressaisit les rames, et se remit à remonter le courant. Il doubla la pointe de l'île Notre-Dame, et se dirigea vers le débarcadère du Port-au-Foin.

— Ah ! dit Gringoire, voici là-bas le logis Barbeau. — Tenez, maître, regardez : ce groupe de toits noirs qui font des angles singuliers, là,

au-dessous de ce tas de nuages bas, filandreux,
barbouillés et sales, où la lune est toute écrasée
et répandue comme un jaune d'œuf dont la coquille est cassée. — C'est un beau logis. Il y a
une chapelle couronnée d'une petite voûte pleine
d'enrichissements bien coupés. Au-dessus vous
pouvez voir le clocher très-délicatement percé.
Il y a aussi un jardin plaisant, qui consiste en un
étang, une volière, un écho, un mail, un laby-
rinthe, une maison pour les bêtes farouches, et
quantité d'allées touffues fort agréables à Vénus.
Il y a encore un coquin d'arbre qu'on appelle *le
luxurieux*, pour avoir servi aux plaisirs d'une
princesse fameuse et d'un connétable de France
galant et bel esprit. — Hélas ! nous autres pauvres philosophes nous sommes à un connétable
ce qu'un carré de choux et de radis est au jardin
du Louvre. Qu'importe après tout ! la vie humaine pour les grands comme pour nous est mêlée de bien et de mal. La douleur est toujours à
côté de la joie, le spondée auprès du dactyle. —
Mon maître, il faut que je vous conte cette histoire du logis Barbeau. Cela finit d'une façon

tragique. C'était en 1319, sous le règne de Philippe V, le plus long des rois de France. La moralité de l'histoire est que les tentations de la chair sont pernicieuses et malignes. N'appuyons pas trop le regard sur la femme du voisin, si chatouilleux que nos sens soient à sa beauté. La fornication est une pensée fort libertine. L'adultère est une curiosité de la volupté d'autrui. —... Ohé! voilà que le bruit redouble là-bas!

Le tumulte en effet croissait autour de Notre-Dame. Ils écoutèrent. On entendait assez clairement des cris de victoire. Tout-à-coup, cent flambeaux qui faisaient étinceler des casques d'hommes d'armes se répandirent sur l'église à toutes les hauteurs, sur les tours, sur les galeries, sous les arcs-boutants. Ces flambeaux semblaient chercher quelque chose; et bientôt ces clameurs éloignées arrivèrent distinctement jusqu'aux fugitifs : — L'égyptienne! la sorcière! à mort l'égyptienne!

La malheureuse laissa tomber sa tête sur ses mains, et l'inconnu se mit à ramer avec furie vers le bord. Cependant notre philosophe réfléchissait. Il pressait la chèvre dans ses bras, et s'éloignait tout doucement de la bohémienne qui se serrait de plus en plus contre lui, comme au seul asile qui lui restât.

Il est certain que Gringoire était dans une cruelle perplexité. Il songeait que la chèvre aussi, *d'après la législation existante,* serait pendue si elle était reprise ; que ce serait grand dommage, la pauvre Djali ! qu'il avait trop de deux condamnées ainsi accrochées après lui ; qu'enfin son compagnon ne demandait pas mieux que de se charger de l'égyptienne. Il se livrait entre ses pensées un violent combat, dans lequel, comme le Jupiter de l'Iliade, il pesait tour à tour l'égyptienne et la chèvre ; et il les regardait l'une après l'autre, avec des yeux humides de larmes, en disant entre ses dents : — Je ne puis pourtant pas vous sauver toutes deux.

Une secousse les avertit enfin que le bateau abordait. Le brouhaha sinistre remplissait toujours la Cité. L'inconnu se leva, vint à l'égyptienne, et voulut lui prendre le bras pour l'aider à descendre. Elle le repoussa, et se pendit à la

manche de Gringoire, qui de son côté, occupé
de la chèvre, la repoussa presque. Alors elle
sauta seule à bas du bateau. Elle était si troublée
qu'elle ne savait ce qu'elle faisait, où elle allait.
Elle demeura ainsi un moment stupéfaite, regardant couler l'eau. Quand elle revint un peu à
elle, elle était seule sur le port avec l'inconnu. Il
paraît que Gringoire avait profité de l'instant du
débarquement pour s'esquiver avec la chèvre
dans le pâté de maisons de la rue Grenier-sur-
l'Eau.

La pauvre égyptienne frissonna de se voir seule
avec cet homme. Elle voulut parler, crier, appeler Gringoire; sa langue était inerte dans sa
bouche, et aucun son ne sortit de ses lèvres.
Tout-à-coup elle sentit la main de l'inconnu sur
la sienne. C'était une main froide et forte. Ses
dents claquèrent, elle devint plus pâle que le
rayon de lune qui l'éclairait. L'homme ne dit pas
une parole. Il se mit à remonter à grands pas
vers la place de Grève, en la tenant par la main.
En cet instant, elle sentit vaguement que la destinée est une force irrésistible. Elle n'avait plus

de ressort, elle se laissa entraîner, courant tandis qu'il marchait. Le quai en cet endroit allait en montant. Il lui semblait cependant qu'elle descendait une pente.

Elle regarda de tous côtés. Pas un passant. Le quai était absolument désert. Elle n'entendait de bruit, elle ne sentait remuer des hommes que dans la Cité tumultueuse et rougeoyante, dont elle n'était séparée que par un bras de Seine, et d'où son nom lui arrivait mêlé à des cris de mort. Le reste de Paris était répandu autour d'elle par grands blocs d'ombre.

Cependant l'inconnu l'entraînait toujours avec le même silence et la même rapidité. Elle ne retrouvait dans sa mémoire aucun des lieux où elle marchait. En passant devant une fenêtre éclairée, elle fit un effort, se roidit brusquement, et cria : — Au secours !

Le bourgeois à qui était la fenêtre l'ouvrit, y parut en chemise avec sa lampe, regarda sur le quai avec un air hébété, prononça quelques paroles qu'elle n'entendit pas, et referma son volet. C'était la dernière lueur d'espoir qui s'éteignait.

L'homme noir ne proféra pas une syllabe, il la
tenait bien, et se remit à marcher plus vite. Elle
ne résista plus, et le suivit, brisée.

De temps en temps elle recueillait un peu de
force, et disait d'une voix entrecoupée par les
cahots du pavé et l'essoufflement de la course :
— Qui êtes-vous ? Qui êtes-vous ? — Il ne répondait point.

Ils arrivèrent ainsi, toujours le long du quai,
à une place assez grande. Il y avait un peu de
lune. C'était la Grève. On distinguait au milieu
une espèce de croix noire debout; c'était le gibet. Elle reconnut tout cela, et vit où elle était.

L'homme s'arrêta, se tourna vers elle, et leva
sa carapoue. — Oh ! bégaya-t-elle pétrifiée, je
savais bien que c'était encore lui !

C'était le prêtre. Il avait l'air de son fantôme.
C'est un effet de clair de lune. Il semble qu'à
cette lumière on ne voie que les spectres des
choses.

— Écoute, lui dit-il, et elle frémit au son de
cette voix funeste qu'elle n'avait pas entendue
depuis long-temps. Il continua. Il articulait avec

ses saccades brèves et haletantes qui révè-
lent par leurs secousses de profonds tremble-
ments intérieurs. — Écoute. Nous sommes ici.
Je vais te parler. Ceci est la Grève. C'est ici un
point extrême. La destinée nous livre l'un à
l'autre. Je vais décider de ta vie; toi, de mon
âme. Voici une place et une nuit au-delà desquelles on ne voit rien. Écoute-moi donc. Je
vais te dire... D'abord ne me parle pas de ton
Phœbus. (En disant cela, il allait et venait,
comme un homme qui ne peut rester en place,
et la tirait après lui.) Ne m'en parle pas. Vois-
tu? si tu prononces ce nom, je ne sais pas ce que
je ferai, mais ce sera terrible.

Cela dit, comme un corps qui retrouve son
centre de gravité, il redevint immobile, mais ses
paroles ne décelaient pas moins d'agitation. Sa
voix était de plus en plus basse.

— Ne détourne point la tête ainsi. Écoute-
moi. C'est une affaire sérieuse. D'abord, voici
ce qui s'est passé. — On ne rira pas de tout
ceci, je te jure. — Qu'est-ce donc que je disais?
rappelle-le-moi! ah! — Il y a un arrêt du par-

lement qui te rend à l'échafaud. Je viens de te tirer de leurs mains. Mais les voilà qui te poursuivent. Regarde.

Il étendit le bras vers la Cité. Les perquisitions, en effet, paraissaient y continuer. Les rumeurs se rapprochaient; la tour de la maison du lieutenant, située vis-à-vis la Grève, était pleine de bruit et de clartés; et l'on voyait des soldats courir sur le quai opposé avec des torches et ces cris : L'égyptienne! Où est l'égyptienne? Mort! mort!

— Tu vois bien qu'ils te poursuivent, et que je ne te mens pas. Moi, je t'aime. — N'ouvre pas la bouche; ne me parle plutôt pas, si c'est pour me dire que tu me hais. Je suis décidé à ne plus entendre cela. — Je viens de te sauver. — Laisse-moi d'abord achever. — Je puis te sauver tout-à-fait. J'ai tout préparé. C'est à toi de vouloir. Comme tu voudras, je pourrai.

Il s'interrompit violemment. — Non, ce n'est pas cela qu'il faut dire.

Et courant, et la faisant courir, car il ne la lâchait pas, il marcha droit au gibet, et le lui montrant du doigt. — Choisis entre nous deux, dit-il froidement.

Elle s'arracha de ses mains, et tomba au pied du gibet en embrassant cet appui funèbre, puis elle tourna sa belle tête à demi, et regarda le prêtre par-dessus son épaule. On eût dit une sainte Vierge au pied de la croix. Le prêtre était demeuré sans mouvement, le doigt toujours levé vers le gibet, conservant son geste, comme une statue.

Enfin l'égyptienne lui dit : — Il me fait encore moins horreur que vous.

Alors il laissa retomber lentement son bras, et regarda le pavé avec un profond accablement. —Si ces pierres pouvaient parler, murmura-t-il, oui, elles diraient que voilà un homme bien malheureux.

Il reprit. La jeune fille, agenouillée devant le gibet, et noyée dans sa longue chevelure, le laissait parler sans l'interrompre. Il avait maintenant un accent plaintif et doux qui contrastait douloureusement avec l'âpreté hautaine de ses traits.

— Moi, je vous aime. Oh! cela est pourtant bien vrai. Il ne sort donc rien au dehors de ce feu qui me brûle le cœur! Hélas! jeune fille, nuit et jour; oui, nuit et jour, cela ne mérite-t-il aucune pitié? C'est un amour de la nuit et du jour, vous dis-je; c'est une torture. — Oh! je souffre trop, ma pauvre enfant! — C'est une chose digne de compassion, je vous assure. Vous voyez que je vous parle doucement. Je voudrais bien que vous n'eussiez plus cette horreur de moi. — Enfin, un homme qui aime une femme, ce n'est pas sa faute! — Oh! mon Dieu! — Comment! vous ne me pardonnerez donc jamais? Vous me haïrez toujours? C'est donc fini! C'est là ce qui me rend mauvais, voyez-vous? et horrible à moi-même! — Vous ne me regardez seulement pas! Vous pensez à autre chose, peut-être, tandis que je vous parle debout et frémissant sur la limite de notre éternité à tous deux! — Surtout ne me parlez pas de l'officier! — Quoi! je me jetterais à vos genoux; quoi! je baiserais, non vos pieds, vous ne voudriez pas, mais la terre qui est sous vos pieds; quoi! je sangloterais comme un enfant, j'arracherais de ma poitrine, non des paroles, mais mon cœur et mes entrailles, pour vous dire que je vous aime; tout serait inutile, tout! — Et cependant vous n'avez rien dans l'âme que de tendre et de clément. Vous êtes rayonnante de la plus belle douceur; vous êtes tout entière suave, bonne, miséricordieuse et charmante. Hélas! vous n'avez de méchanceté que pour moi seul! Oh! quelle fatalité!

Il cacha son visage dans ses mains. La jeune fille l'entendit pleurer. C'était la première fois. Ainsi debout et secoué par les sanglots, il était plus misérable et plus suppliant qu'à genoux. Il pleura ainsi un certain temps.

—Allons! poursuivit-il, ces premières larmes passées. Je ne trouve pas de paroles. J'avais pourtant bien songé à ce que je vous dirais. Maintenant je tremble et je frissonne, je défaille à l'instant décisif, je sens quelque chose de suprême qui nous enveloppe, et je balbutie. Oh! je vais tomber sur le pavé si vous ne prenez pas pitié de moi, pitié de vous. Ne nous condamnez pas tous deux. Si vous saviez combien je vous

aime! Quel cœur c'est que mon cœur! Oh!
quelle désertion de toute vertu! quel abandon
désespéré de moi-même! Docteur, je bafoue la
science ; gentilhomme , je déchire mon nom ;
prêtre, je fais du missel un oreiller de luxure ,
je crache au visage de mon Dieu! tout cela pour
toi, enchanteresse! pour être plus digne de ton
enfer! et tu ne veux pas du damné! Oh! que je
te dise tout! plus encore, quelque chose de plus
horrible, oh! plus horrible!...

En prononçant ces dernières paroles, son air
devint tout-à-fait égaré. Il se tut un instant, et
reprit comme se parlant à lui-même, et d'une
voix forte : — Caïn, qu'as-tu fait de ton frère?

Il y eut encore un silence, et il poursuivit :
— Ce que j'en ai fait, Seigneur? Je l'ai recueilli,
je l'ai élevé, je l'ai nourri, je l'ai aimé, je l'ai
idolâtré, et je l'ai tué! Oui, Seigneur, voici
qu'on vient de lui écraser la tête devant moi sur
la pierre de votre maison, et c'est à cause de
moi, à cause de cette femme, à cause d'elle....

Son œil était hagard. Sa voix allait s'éteignant;
il répéta encore plusieurs fois. machinalement,

avec d'assez longs intervalles, comme une cloche qui prolonge sa dernière vibration : — A cause d'elle... — A cause d'elle... — Puis sa langue n'articula plus aucun son perceptible, ses lèvres remuaient toujours cependant. Tout-à-coup il s'affaissa sur lui-même comme quelque chose qui s'écroule, et demeura à terre sans mouvement, la tête dans les genoux.

Un frôlement de la jeune fille, qui retirait son pied de dessous lui, le fit revenir. Il passa lentement sa main sur ses joues creuses, et regarda quelques instants avec stupeur ses doigts qui étaient mouillés. — Quoi ! murmura-t-il, j'ai pleuré !

Et se tournant subitement vers l'égyptienne avec une angoisse inexprimable :

— Hélas ! vous m'avez regardé froidement pleurer ! Enfant, sais-tu que ces larmes sont des laves ? Est-il donc bien vrai ? de l'homme qu'on hait rien ne touche. Tu me verrais mourir, tu rirais. Oh ! moi je ne veux pas te voir mourir ! Un mot ! un seul mot de pardon ! Ne me dis pas que tu m'aimes, dis-moi seulement que tu veux bien; cela suffira, je te sauverai. Sinon... Oh! l'heure passe. Je t'en supplie par tout ce qui est sacré, n'attends pas que je sois redevenu de pierre comme ce gibet qui te réclame aussi! Songe que je tiens nos deux destinées dans ma main, que je suis insensé, cela est terrible, que je puis laisser tout choir, et qu'il y a au-dessous de nous un abîme sans fond, malheureuse, où ma chute poursuivra la tienne durant l'éternité! Un mot de bonté! dis un mot! rien qu'un mot!

Elle ouvrit la bouche pour lui répondre. Il se précipita à genoux devant elle pour recueillir avec adoration la parole, peut-être attendrie, qui allait sortir de ses lèvres. Elle lui dit : — Vous êtes un assassin!

Le prêtre la prit dans ses bras avec fureur, et se mit à rire d'un rire abominable. — Eh bien, oui! assassin! dit-il, et je t'aurai. Tu ne veux pas de moi pour esclave, tu m'auras pour maître. Je t'aurai! J'ai un repaire où je te traînerai. Tu me suivras, il faudra bien que tu me suives, ou je te livre! Il faut mourir, la belle, ou être à moi! être au prêtre! être à l'apostat! être à l'as-

sassin ! dès cette nuit, entends-tu cela? Allons !
de la joie, allons, baise-moi, folle ! La tombe ou
mon lit !

Son œil pétillait d'impureté et de rage. Sa
bouche lascive rougissait le cou de la jeune fille.
Elle se débattait dans ses bras. Il la couvrait de
baisers écumants.

— Ne me mords pas, monstre! cria-t-elle. Oh !
l'odieux moine infect! laisse-moi ! Je vais t'arracher tes vilains cheveux gris et te les jeter à poignées par la face !

Il rougit, il pâlit, puis il la lâcha et la regarda d'un air sombre. Elle se crut victorieuse,
et poursuivit : — Je te dis que je suis à mon
Phœbus, que c'est Phœbus que j'aime, que
c'est Phœbus qui est beau! Toi, prêtre, tu es
vieux ! tu es laid ! Va-t'en !

Il poussa un cri violent, comme le misérable
auquel on applique un fer rouge. — Meurs donc !
dit-il à travers un grincement de dents. Elle vit
son affreux regard, et voulut fuir. Il la reprit, il
la secoua, il la jeta à terre, et marcha à pas ra-
pides vers l'angle de la Tour-Rolland en la traî-

nant après lui sur le pavé par ses belles mains.

Arrivé là, il se tourna vers elle : — Une dernière fois, veux-tu être à moi ?

Elle répondit avec force : — Non.

Alors il cria d'une voix haute : — Gudule ! Gudule ! voici l'égyptienne ! venge-toi !

La jeune fille se sentit saisir brusquement au coude. Elle regarda, c'était un bras décharné qui sortait d'une lucarne dans le mur et qui la tenait comme une main de fer.

— Tiens bien ! dit le prêtre, c'est l'égyptienne échappée. Ne la lâche pas. Je vais chercher les sergents. Tu la verras pendre.

Un rire guttural répondit de l'intérieur du mur à ces sanglantes paroles. Hah ! hah ! hah ! — L'égyptienne vit le prêtre s'éloigner en courant dans la direction du pont Notre-Dame. On entendait une cavalcade de ce côté.

La jeune fille avait reconnu la méchante recluse. Haletante de terreur, elle essaya de se dégager. Elle se tordit, elle fit plusieurs soubresauts d'agonie et de désespoir, mais l'autre la tenait avec une force inouïe. Les doigts osseux et maigres qui la meurtrissaient se crispaient sur sa chair, et se rejoignaient à l'entour. On eût dit que cette main était rivée à son bras. C'était plus qu'une chaîne, plus qu'un carcan, plus qu'un anneau de fer, c'était une tenaille intelligente et vivante qui sortait d'un mur.

Épuisée, elle retomba contre la muraille, et alors la crainte de la mort s'empara d'elle. Elle songea à la beauté de la vie, à la jeunesse, à la vue du ciel, aux aspects de la nature, à l'amour, à Phœbus, à tout ce qui s'enfuyait et à tout ce qui s'approchait, au prêtre qui la dénonçait, au bourreau qui allait venir, au gibet qui était là. Alors elle sentit l'épouvante lui monter jusque dans les racines des cheveux, et elle entendit le rire lugubre de la recluse qui lui disait tout bas :

— Hah ! hah ! hah ! tu vas être pendue !

Elle se tourna mourante vers la lucarne, et elle vit la figure fauve de la sachette à travers les barreaux. — Que vous ai-je fait ? dit-elle presque inanimée.

La recluse ne lui répondit pas, et se mit à marmoter avec une intonation chantante, irritée et railleuse : — Fille d'Égypte ! fille d'Égypte ! fille d'Égypte !

La malheureuse Esmeralda laissa retomber sa tête sous ses cheveux, comprenant qu'elle n'avait pas affaire à un être humain.

Tout-à-coup la recluse s'écria, comme si la question de l'égyptienne avait mis tout ce temps pour arriver jusqu'à sa pensée : — Ce que tu m'as fait, dis-tu ! Ah ! ce que tu m'as fait, égyptienne ! Eh bien ! écoute. — J'avais un enfant, moi ! vois-tu ? J'avais un enfant ! un enfant, te dis-je ! — Une jolie petite fille ! — Mon Agnès, reprit-elle égarée en baisant quelque chose dans les ténèbres.

— Eh bien ! vois-tu, fille d'Égypte ? on m'a pris mon enfant ; on m'a volé mon enfant ; on m'a mangé mon enfant. Voilà ce que tu m'as fait.

La jeune fille répondit comme l'agneau : — Hélas ! je n'étais peut-être pas née alors !

— Oh ! si ! repartit la recluse, tu devais être née. Tu en étais. Elle serait de ton âge ! Ainsi !

— Voilà quinze ans que je suis ici ; quinze ans que je souffre ; quinze ans que je prie ; quinze ans que je me cogne la tête aux quatre murs. —

Je te dis que ce sont des égyptiennes qui me l'ont volée, entends-tu cela? et qui l'ont mangée avec leurs dents. — As-tu un cœur? figure-toi ce que c'est qu'un enfant qui joue; un enfant qui tette; un enfant qui dort. C'est si innocent! — Hé bien! cela, c'est cela qu'on m'a pris, qu'on m'a tué! Le bon Dieu le sait bien! — Aujourd'hui, c'est mon tour; je vais manger de l'égyptienne. — Oh! que je te mordrais bien si les barreaux ne m'empêchaient. J'ai la tête trop grosse! — La pauvre petite! pendant qu'elle dormait! Et si elles l'ont réveillée en la prenant, elle aura eu beau crier; je n'étais pas là! Ah! les mères égyptiennes, vous avez mangé mon enfant! Venez voir la vôtre.

Alors elle se mit à rire ou à grincer des dents; les deux choses se ressemblaient sur cette figure furieuse. Le jour commençait à poindre. Un reflet de cendre éclairait vaguement cette scène, et le gibet devenait de plus en plus distinct dans la place. De l'autre côté, vers le pont Notre-Dame, la pauvre condamnée croyait entendre se rapprocher le bruit de la cavalerie.

— Madame! cria-t-elle joignant les mains et tombée sur ses deux genoux, échevelée, éperdue, folle d'effroi; madame! ayez pitié. Ils viennent. Je ne vous ai rien fait. Voulez-vous me voir mourir de cette horrible façon sous vos yeux? Vous avez de la pitié, j'en suis sûre. C'est trop affreux. Laissez-moi me sauver. Lâchez-moi! Grâce! je ne veux pas mourir comme cela!

— Rends-moi mon enfant! dit la recluse.

— Grâce! Grâce!

— Rends-moi mon enfant!

— Lâchez-moi, au nom du ciel!

— Rends-moi mon enfant!

Cette fois encore, la jeune fille retomba, épuisée, rompue, ayant déjà le regard vitré de quelqu'un qui est dans la fosse. — Hélas! bégaya-t-elle, vous cherchez votre enfant, moi je cherche mes parents.

— Rends-moi ma petite Agnès! poursuivit Gudule. — Tu ne sais pas où elle est? Alors, meurs! — Je vais te dire. J'étais une fille de joie, j'avais un enfant, on m'a pris mon enfant.

— Ce sont les égyptiennes. Tu vois bien qu'il faut que tu meures. Quand ta mère l'égyptienne viendra te réclamer, je lui dirai : La mère, regarde à ce gibet ! — Ou bien rends-moi mon enfant. — Sais-tu où elle est, ma petite fille ? Tiens, que je te montre. Voilà son soulier, tout ce qui m'en reste. Sais-tu où est le pareil ? Si tu le sais, dis-le-moi, et si ce n'est qu'à l'autre bout de la terre, je l'irai chercher en marchant sur les genoux.

En parlant ainsi, de son autre bras, tendu hors de la lucarne, elle montrait à l'égyptienne le petit soulier brodé. Il faisait déjà assez jour pour en distinguer la forme et les couleurs.

— Montrez-moi ce soulier, dit l'égyptienne en tressaillant. Dieu ! Dieu ! Et en même temps, de la main qu'elle avait libre, elle ouvrait vivement le petit sachet orné de verroterie verte qu'elle portait au cou.

— Va ! va ! grommelait Gudule, fouille ton amulette du démon ! Tout-à-coup elle s'interrompit, trembla de tout son corps, et cria avec une voix qui venait du plus profond des entrailles : — Ma fille !

L'égyptienne venait de tirer du sachet un petit soulier absolument pareil à l'autre. A ce petit soulier était attaché un parchemin sur lequel ce *carme* était écrit :

> Quand le pareil retrouveras,
> Ta mèrete tendra les bras.

En moins de temps qu'il n'en faut à l'éclair, la recluse avait confronté les deux souliers, lu l'inscription du parchemin, et collé aux barreaux de la lucarne son visage rayonnant d'une voix céleste en criant : — Ma fille ! Ma fille !

— Ma mère ! répondit l'égyptienne.

Ici nous renonçons à peindre.

Le mur et les barreaux de fer étaient entre elles deux. — Oh ! le mur ! cria la recluse. Oh ! la voir et ne pas l'embrasser ! Ta main ! ta main !

La jeune fille lui passa son bras à travers la lucarne, la recluse se jeta sur cette main, y attacha ses lèvres, et y demeura, abîmée dans ce baiser, ne donnant plus d'autre signe de vie qu'un sanglot qui soulevait ses hanches de temps en temps. Cependant elle pleurait à torrents, en silence, dans l'ombre, comme une pluie de nuit. La pauvre mère vidait par flots sur cette main adorée le noir et profond puits de larmes qui était au dedans d'elle, et où toute sa douleur avait filtré goutte à goutte depuis quinze années.

Tout-à-coup, elle se releva, écarta ses longs cheveux gris de dessus son front, et sans dire une parole, se mit à ébranler de ses deux mains les barreaux de sa loge, plus furieusement qu'une lionne. Les barreaux tinrent bon. Alors elle alla chercher dans un coin de sa cellule un gros pavé qui lui servait d'oreiller, et le lança contre eux avec tant de violence qu'un des barreaux se brisa en jetant mille étincelles. Un second coup effondra tout-à-fait la vieille croix de fer qui barricadait la lucarne. Alors avec ses deux mains elle acheva de rompre et d'écarter les tronçons rouillés des barreaux. Il y a des moments où les mains d'une femme ont une force surhumaine.

Le passage frayé, et il fallut moins d'une minute pour cela, elle saisit sa fille par le milieu du corps, et la tira dans sa cellule. — Viens! que je te repêche de l'abîme! murmurait-elle.

Quand sa fille fut dans la cellule, elle la posa doucement à terre, puis la reprit, et, la portant dans ses bras comme si ce n'était toujours que sa petite Agnès, elle allait et venait dans l'étroite loge, ivre, forcenée, joyeuse, criant, chantant, baisant sa fille, lui parlant, éclatant de rire, fondant en larmes, le tout à la fois et avec emportement.

— Ma fille! ma fille! disait-elle. J'ai ma fille! la voilà. Le bon Dieu me l'a rendue. Eh vous! venez tous! Y a-t-il quelqu'un là pour voir que j'ai ma fille? Seigneur Jésus, qu'elle est belle! Vous me l'avez fait attendre quinze ans, mon bon Dieu, mais c'était pour me la rendre belle. — Les égyptiennes ne l'avaient donc pas mangée! Qui avait dit cela? Ma petite fille! ma petite fille! baise-moi. Ces bonnes égyptiennes. J'aime les égyptiennes. — C'est bien toi. C'est donc cela, que le cœur me sautait chaque fois que tu passais. Moi qui prenais cela pour de la haine! Pardonne-moi, mon Agnès, pardonne-moi. Tu m'a trouvée bien méchante, n'est-ce pas? je t'aime. — Ton petit signe au cou, l'as-tu toujours? voyons. Elle

l'a toujours. Oh ! tu es belle ! C'est moi qui vous
ai fait ces grands yeux-là , mademoiselle. Baise-
moi. Je t'aime. Cela m'est bien égal, que les autres
mères aient des enfants ; je me moque bien d'elles à
présent. Elles n'ont qu'à venir. Voici la mienne.
Voilà son cou, ses yeux, ses cheveux, sa main.
Trouvez-moi quelque chose de beau comme cela !
Oh ! je vous en réponds qu'elle aura des amoureux celle-là ! J'ai pleuré quinze ans. Toute ma
beauté s'en est allée, et lui est venue. Baise-moi.

Elle lui tenait mille autres discours extrava-
gants dont l'accent faisait toute la beauté , dé-
rangeait les vêtements de la pauvre fille jusqu'à
la faire rougir , lui lissait sa chevelure de soie
avec la main, lui baisait le pied , le genou, le
front, les yeux , s'extasiait de tout. La jeune fille
se laissait faire, en répétant par intervalles très-
bas et avec une douceur infinie : — Ma mère !

— Vois-tu, ma petite fille ? reprenait la recluse en entrecoupant tous ses mots de baisers,
vois-tu ! je t'aimerai bien. Nous nous en irons
d'ici. Nous allons être bien heureuses. J'ai héri-
té quelque chose à Reims , dans notre pays. Tu

sais, Reims? Ah! non, tu ne sais pas cela, toi;
tu étais trop petite! Si tu savais comme tu étais
jolie, à quatre mois! Des petits pieds qu'on venait voir par curiosité d'Épernay, qui est à sept
lieues! Nous aurons un champ, une maison. Je
te coucherai dans mon lit. Mon Dieu! mon Dieu!
qui est-ce qui croirait cela? j'ai ma fille!

— O ma mère! dit la jeune fille trouvant enfin la force de parler dans son émotion, l'égyptienne me l'avait bien dit. Il y a une bonne égyptienne des nôtres qui est morte l'an passé, et qui
avait toujours eu soin de moi comme une nour-
rice. C'est elle qui m'avait mis ce sachet au cou.
Elle me disait toujours : — Petite, garde bien ce
bijou. C'est un trésor. Il te fera retrouver ta mère.
Tu portes ta mère à ton cou. —Elle l'avait prédit,
l'égyptienne!

La sachette serra de nouveau sa fille dans ses
bras. —Viens, que je te baise! tu dis cela genti-
ment. Quand nous serons au pays, nous chaus-
serons un Enfant-Jésus d'église avec les petits
souliers. Nous devons bien cela à la bonne sainte
Vierge. Mon Dieu! que tu as une jolie voix.

Quand tu me parlais tout-à-l'heure, c'était une musique! Ah! mon Dieu Seigneur! J'ai retrouvé mon enfant! Mais est-ce croyable, cette histoire-là? On ne meurt de rien, car je ne suis pas morte de joie.

Et puis, elle se remit à battre des mains et à rire, et à crier : — Nous allons être heureuses!

En ce moment la logette retentit d'un cliquetis d'armes et d'un galop de chevaux, qui semblait déboucher du pont Notre-Dame, et s'avancer de plus en plus sur le quai. L'égyptienne se jeta avec angoisse dans les bras de la sachette.

— Sauvez-moi! sauvez-moi! ma mère! les voilà qui viennent!

La recluse redevint pâle.

— O ciel! que dis-tu là? J'avais oublié! on te poursuit! Qu'as-tu donc fait?

— Je ne sais pas, répondit la malheureuse enfant; mais je suis condamnée à mourir.

— Mourir! dit Gudule chancelante comme sous un coup de foudre. Mourir! reprit-elle lentement et regardant sa fille avec son œil fixe.

— Oui, ma mère, reprit la jeune fille éperdue, ils veulent me tuer. Voilà qu'on vient me prendre. Cette potence est pour moi! Sauvez-moi! sauvez-moi! Ils arrivent! sauvez-moi!

La recluse resta quelques instants immobile comme une pétrification, puis elle remua la tête en signe de doute, et tout-à-coup partant d'un éclat de rire, mais de son rire effrayant qui lui était revenu : — Ho! ho! non! c'est un rêve que tu me dis là. Ah, oui! je l'aurais perdue, cela aurait duré quinze ans, et puis je la retrouverais, et cela durerait une minute! Et on me la reprendrait! et c'est maintenant qu'elle est belle, qu'elle est grande, qu'elle me parle, qu'elle m'aime; c'est maintenant qu'ils viendraient me la manger, sous mes yeux à moi qui suis la mère! Oh, non! ces choses-là ne sont pas possibles. Le bon Dieu n'en permet comme cela.

Ici la cavalcade parut s'arrêter, et l'on entendit une voix éloignée qui disait : — Par ici, messire Tristan! Le prêtre dit que nous la trouverons au Trou-aux-Rats. — Le bruit de chevaux recommença.

La recluse se dressa debout avec un cri déses-

péré. — Sauve-toi! sauve-toi! mon enfant!
Tout me revient. Tu as raison. C'est ta mort!
Horreur! malédiction! Sauve-toi!

Elle mit la tête à la lucarne, et la retira vite.
— Reste, dit-elle, d'une voix basse, brève et lugubre, en serrant convulsivement la main de l'é-
gyptienne plus morte que vive. Reste! ne souffle
pas! il y a des soldats partout. Tu ne peux sortir. Il fait trop de jour.

Ses yeux étaient secs et brûlants. Elle resta
un moment sans parler; seulement elle marchait
à grands pas dans la cellule, et s'arrêtait par intervalles, pour s'arracher des poignées de cheveux gris qu'elle déchirait ensuite avec ses
dents.

Tout-à-coup elle dit : — Ils approchent. Je
vais leur parler. Cache-toi dans ce coin. Ils ne
te verront pas. Je leur dirai que tu t'es échappée, que je t'ai lâchée, ma foi!

Elle posa sa fille, car elle la portait toujours,
dans un angle de la cellule qu'on ne voyait pas
du dehors. Elle l'accroupit, l'arrangea soigneu-
sement, de manière que ni son pied ni sa main

ne dépassassent l'ombre, lui dénoua ses cheveux noirs qu'elle répandit sur sa robe blanche pour la masquer, mit devant elle sa cruche et son pavé, les seuls meubles qu'elle eût, s'imaginant que cette cruche et ce pavé la cacheraient. Et quand ce fut fini, plus tranquille, elle se mit à genoux, et pria. Le jour, qui ne faisait que de poindre, laissait encore beaucoup de ténèbres dans le Trou-aux-Rats.

En cet instant, la voix du prêtre, cette voix infernale passa très-près de la cellule en criant :
— Par ici, capitaine Phœbus de Châteaupers!

A ce nom, à cette voix, la Esmeralda, tapie dans son coin, fit un mouvement. — Ne bouge pas ! dit Gudule.

Elle achevait à peine qu'un tumulte d'hommes, d'épées et de chevaux s'arrêta autour de la cellule. La mère se leva bien vite, et s'alla poster devant sa lucarne pour la boucher. Elle vit une grande troupe d'hommes armés, de pied et de cheval, rangée sur la Grève. Celui qui les commandait mit pied à terre et vint vers elle. — La vieille, dit cet homme qui avait une figure atroce , nous cherchons une sorcière pour la pendre : on nous a dit que tu l'avais.

La pauvre mère prit l'air le plus indifférent qu'elle put, et répondit : — Je ne sais pas trop ce que vous voulez dire.

L'autre reprit : — Tête-Dieu! que chantait donc cet effaré d'archidiacre. Où est-il?

— Monseigneur, dit un soldat, il a disparu.

— Or çà, la vieille folle, repartit le commandant, ne me mens pas. On t'a donné une sorcière à garder. Qu'en as-tu fait?

La recluse ne voulut pas tout nier, de peur d'éveiller des soupçons, et répondit d'un accent sincère et bourru : — Si vous parlez d'une grande jeune fille qu'on m'a accrochée aux mains tout-à-l'heure, je vous dirai qu'elle m'a mordu et que je l'ai lâchée. Voilà. Laissez-moi en repos.

Le commandant fit une grimace désappointée.

— Ne vas pas me mentir, vieux spectre, reprit-il. Je m'appelle Tristan-l'Hermite, et je suis le compère du roi. Tristan-l'Hermite, entends-tu? Il ajouta, en regardant la place de Grève autour de lui : — C'est un nom qui a de l'écho ici.

— Vous seriez Satan l'Hermite, répliqua Gudule qui reprenait espoir, que je n'aurais pas autre chose à vous dire et que je n'aurais pas peur de vous.

— Tête-Dieu, dit Tristan, voilà une commère! Ah! la fille sorcière s'est sauvée! et par où a-t-elle pris?

Gudule répondit d'un ton insouciant : — Par la rue du Mouton, je crois.

Tristan tourna la tête, et fit signe à sa troupe de se préparer à se remettre en marche. La recluse respira.

— Monseigneur, dit tout-à-coup un archer, demandez donc à la vieille fée pourquoi les barreaux de sa lucarne sont défaits de la sorte.

Cette question fit rentrer l'angoisse au cœur de la misérable mère. Elle ne perdit pourtant pas toute présence d'esprit. — Ils ont toujours été ainsi, bégaya-t-elle.

— Bah! repartit l'archer, hier encore ils faisaient une belle croix noire qui donnait de la dévotion.

Tristan jeta un regard oblique à la recluse.

— Je crois que la commère se trouble !

L'infortunée sentit que tout dépendait de sa bonne contenance, et, la mort dans l'âme, elle se mit à ricaner. Les mères ont de ces forces-là.

— Bah ! dit-elle, cet homme est ivre. Il y a plus d'un an que le cul d'une charrette de pierres a donné dans ma lucarne et en a défoncé la grille. Que même j'ai injurié le charretier !

— C'est vrai, dit un autre archer, j'y étais.

Il se trouve toujours partout des gens qui ont tout vu. Ce témoignage inespéré de l'archer ranima la recluse, à qui cet interrogatoire faisait traverser un abîme sur le tranchant d'un couteau.

Mais elle était condamnée à une alternative continuelle d'espérance et d'alarme.

— Si c'est une charrette qui a fait cela, repartit le premier soldat, les tronçons des barres devraient être repoussés en dedans, tandis qu'ils sont ramenés en dehors.

— Hé ! hé ! dit Tristan au soldat, tu as un nez d'enquêteur au Châtelet. Répondez à ce qu'il dit, la vieille.

— Mon Dieu ! s'écria-t-elle aux abois et d'une voix malgré elle pleine de larmes, je vous jure, monseigneur, que c'est une charrette qui a brisé ces barreaux. Vous entendez que cet homme l'a vu. Et puis, qu'est-ce que cela fait pour votre égyptienne ?

— Hum ! grommela Tristan.

— Diable ! reprit le soldat, flatté de l'éloge du prevôt, les cassures du fer sont toutes fraîches !

Tristan hocha la tête. Elle pâlit. — Combien y a-t-il de temps, dites-vous, de cette charrette ?

— Un mois, quinze jours peut-être, monseigneur. Je ne sais plus, moi.

— Elle a d'abord dit plus d'un an, observa le soldat.

— Voilà qui est louche ! dit le prevôt.

— Monseigneur, cria-t-elle toujours collée devant la lucarne, et tremblant que le soupçon ne les poussât à y passer la tête et à regarder dans la cellule ; monseigneur, je vous jure que c'est une charrette qui a brisé cette grille. Je vous le jure par les anges du paradis. Si ce n'est pas une charrette, je veux être éternellement damnée et je renie Dieu !

— Tu mets bien de la chaleur à ce jurement! dit Tristan avec son coup d'œil d'inquisiteur.

La pauvre femme sentait s'évanouir de plus en plus son assurance. Elle en était à faire des maladresses, et elle comprenait avec terreur qu'elle ne disait pas ce qu'il aurait fallu dire.

Ici, un autre soldat arriva en criant : — Monseigneur, la vieille fée ment. La sorcière ne s'est pas sauvée par la rue du Mouton. La chaîne de la rue est restée tendue toute la nuit, et le garde-chaîne n'a vu passer personne.

Tristan, dont la physionomie devenait à chaque instant plus sinistre, interpella la recluse : — Qu'as-tu à dire à cela?

Elle essaya encore de faire tête à ce nouvel incident : — Que je ne sais, monseigneur, que j'ai pu me tromper. Je crois qu'elle a passé l'eau en effet.

— C'est le côté opposé, dit le prevôt. Il n'y a pourtant pas grande apparence qu'elle ait voulu rentrer dans la Cité, où on la poursuivait. Tu mens, la vieille !

— Et puis, ajouta le premier soldat, il n'y a
de bateau ni de ce côté de l'eau ni de l'autre.

— Elle aura passé à la nage, répliqua la recluse défendant le terrain pied à pied.

— Est-ce que les femmes nagent ? dit le
soldat.

— Tête-Dieu ! la vieille ! tu mens ! tu mens !
reprit Tristan avec colère. J'ai bonne envie de
laisser là cette sorcière, et de te prendre, toi.
Un quart d'heure de question te tirera peut-être
la vérité du gosier. Allons ! tu vas nous suivre.

Elle saisit ces paroles avec avidité. — Comme
vous voudrez, monseigneur. Faites. Faites. La
question. Je veux bien. Emmenez-moi. Vite,
vite ! partons tout de suite. — Pendant ce temps-
là, pensait-elle, ma fille se sauvera.

— Mort-Dieu ! dit le prevôt, quel appétit du
chevalet ! Je ne comprends rien à cette folle.

Un vieux sergent du guet à tête grise sortit
des rangs, et s'adressant au prevôt : — Folle en
effet, monseigneur. Si elle a lâché l'égyptienne,
ce n'est pas sa faute, car elle n'aime pas les égyptiennes. Voilà quinze ans que je fais le guet, et

que je l'entends tous les soirs maugréer les femmes bohêmes avec des exécrations sans fin. Si celle que nous poursuivons est, comme je le crois, la petite danseuse à la chèvre, elle déteste celle-là surtout.

Gudule fit un effort et dit : — Celle-là surtout.

Le témoignage unanime des hommes du guet confirma au prevôt les paroles du vieux sergent. Tristan-l'Hermite désespérant de rien tirer de la recluse lui tourna le dos, et elle le vit avec une anxiété inexprimable se diriger lentement vers son cheval. — Allons, disait-il entre ses dents, en route ! remettons-nous à l'enquête. Je ne dormirai pas que l'égyptienne ne soit pendue.

Cependant il hésita encore quelque temps avant de monter à cheval. Gudule palpitait entre la vie et la mort en le voyant promener autour de la place cette mine inquiète d'un chien de chasse qui sent près de lui le gîte de la bête et résiste à s'éloigner. Enfin il secoua la tête et sauta en selle. Le cœur si horriblement comprimé de Gudule se dilata, et elle dit à voix basse en jetant un coup

d'œil sur sa fille, qu'elle n'avait pas encore osé
regarder depuis qu'ils étaient là : — Sauvée !

La pauvre enfant était restée tout ce temps
dans son coin, sans souffler, sans remuer, avec
l'idée de la mort debout devant elle. Elle n'avait
rien perdu de la scène entre Gudule et Tristan,
et chacune des angoisses de sa mère avait retenti
en elle. Elle avait entendu tous les craquements
successifs du fil qui la tenait suspendue sur le
gouffre ; elle avait cru vingt fois le voir se briser,
et commençait enfin à respirer et à se sentir le
pied en terre ferme. En ce moment, elle entendit une voix qui disait au prevôt : — Corbœuf !
monsieur le prevôt, ce n'est pas mon affaire, à
moi homme d'armes, de pendre les sorcières.
La quenaille de peuple est à bas. Je vous laisse
besogner tout seul. Vous trouverez bon que j'aille
rejoindre ma compagnie, pour ce qu'elle est sans
capitaine. — Cette voix, c'était celle de Phœbus
de Châteaupers. Ce qui se passa en elle est inef-
fable. Il était donc là, son ami, son protecteur,
son appui, son asile, son Phœbus ! Elle se leva,
et avant que sa mère eût pu l'en empêcher, elle

s'était jetée à la lucarne en criant : — Phœbus! à moi, mon Phœbus !

Phœbus n'y était plus. Il venait de tourner au galop l'angle de la rue de la Coutellerie. Mais Tristan n'était pas encore parti.

La recluse se précipita sur sa fille avec un rugissement. Elle la retira violemment en arrière en lui enfonçant ses ongles dans le cou. Une mère tigresse n'y regarde pas de si près. Mais il était trop tard. Tristan avait vu.

— Hé! hé! s'écria-t-il avec un rire qui déchaussait toutes ses dents et faisait ressembler sa figure au museau d'un loup, deux souris dans la souricière !

— Je m'en doutais, dit le soldat.

Tristan lui frappa sur l'épaule :

— Tu es un bon chat! — Allons, ajouta-t-il, où est Henriet Cousin?

Un homme qui n'avait ni le vêtement ni la mine des soldats sortit de leurs rangs. Il portait un costume mi-parti gris et brun, les cheveux plats, des manches de cuir, et un paquet de cordes à sa grosse main. Cet homme accompagnait toujours

Tristan, qui accompagnait toujours Louis XI.

— L'ami, dit Tristan-l'Hermite, je présume que voilà la sorcière que nous cherchions. Tu vas me pendre cela. As-tu ton échelle?

— Il y en a une là sous le hangar de la Maison-aux-Piliers, répondit l'homme. Est-ce à cette justice-là que nous ferons la chose? poursuivit-il en montrant le gibet de pierre.

— Oui.

— Ho hé! reprit l'homme avec un gros rire plus bestial encore que celui du prevôt, nous n'aurons pas beaucoup de chemin à faire.

— Dépêche, dit Tristan! tu riras après.

Cependant, depuis que Tristan avait vu sa fille et que tout espoir était perdu, la recluse n'avait pas encore dit une parole. Elle avait jeté la pauvre égyptienne à demi morte dans le coin du caveau, et s'était replacée à la lucarne, ses deux mains appuyées à l'angle de l'entablement comme deux griffes. Dans cette attitude, on la voyait promener intrépidement sur tous ces soldats son regard, qui était redevenu fauve et insensé. Au moment où Henriet Cousin s'approcha de la loge, elle lui fit une figure tellement sauvage qu'il recula.

— Monseigneur, dit-il en revenant au prevôt, laquelle faut-il prendre?

— La jeune.

— Tant mieux. Car la vieille paraît malaisée.

— Pauvre petite danseuse à la chèvre! dit le vieux sergent du guet.

Henriet Cousin se rapprocha de la lucarne. L'œil de la mère fit baisser le sien. Il dit assez timidement : — Madame...

Elle l'interrompit d'une voix très-basse et furieuse : — Que demandes-tu?

— Ce n'est pas vous, dit-il, c'est l'autre.

— Quelle autre?

— La jeune.

Elle se mit à secouer la tête en criant : — Il n'y a personne! Il n'y a personne! Il n'y a personne!

— Si! reprit le bourreau, vous le savez bien. Laissez-moi prendre la jeune. Je ne veux pas vous faire de mal, à vous.

Elle dit avec un ricanement étrange : — Ah!

tu ne veux pas me faire de mal, à moi !

— Laissez-moi l'autre, madame ; c'est monsieur le prevôt qui le veut.

Elle répéta d'un air de folie : — Il n'y a personne.

— Je vous dis que si ! répliqua le bourreau ; nous avons tous vu que vous étiez deux.

— Regarde plutôt ! dit la recluse en ricanant. Fourre ta tête par la lucarne.

Le bourreau examina les ongles de la mère, et n'osa pas.

— Dépêche ! cria Tristan qui venait de ranger sa troupe en cercle autour du Trou-aux-Rats, et qui se tenait à cheval près du gibet.

Henriet revint au prevôt encore une fois, tout embarrassé. Il avait posé sa corde à terre, et roulait d'un air gauche son chapeau dans ses mains. — Monseigneur, demanda-t-il, par où entrer ?

— Par la porte.

— Il n'y en a pas.

— Par la fenêtre.

— Elle est trop étroite.

— Élargis-la , dit Tristan avec colère. N'as-tu pas des pioches?

Du fond de son antre, la mère, toujours en arrêt, regardait. Elle n'espérait plus rien , elle ne savait plus ce qu'elle voulait , mais elle ne voulait pas qu'on lui prît sa fille.

Henriet Cousin alla chercher la caisse d'outils des basses-œuvres sous le hangar de la Maison-aux-Piliers. Il en retira aussi la double échelle qu'il appliqua sur-le-champ au gibet. Cinq ou six hommes de la prevôté s'armèrent de pics et de léviers , et Tristan se dirigea avec eux vers la lucarne.

— La vieille, dit le prevôt d'un ton sévère , livre-nous cette fille de bonne grâce.

Elle le regarda comme quand on ne comprend pas.   .

— Tête-Dieu! reprit Tristan , qu'as-tu donc à empêcher cette sorcière d'être pendue comme il plaît au roi?

La misérable se mit à rire de son rire farouche.

— Ce que j'y ai? C'est ma fille.

L'accent dont elle prononça ce mot fit frisson-
ner jusqu'à Henriet Cousin lui-même.

— J'en suis fâché, repartit le prevôt, mais
c'est le bon plaisir du roi.

Elle cria en redoublant son rire terrible : —
Qu'est-ce que cela me fait, ton roi? Je te dis que
c'est ma fille!

— Percez le mur, dit Tristan.

Il suffisait, pour pratiquer une ouverture assez
large, de desceller une assise de pierre au-dessous de la lucarne. Quand la mère entendit les
pics et les léviers saper sa forteresse, elle poussa
un cri épouvantable; puis elle se mit à tourner avec
une vitesse effrayante autour de sa loge, habitude
de bête fauve que la cage lui avait donnée. Elle ne
disait plus rien, mais ses yeux flamboyaient. Les
soldats étaient glacés au fond du cœur.

Tout-à-coup elle prit son pavé, rit, et le jeta
à deux poings sur les travailleurs. Le pavé, mal
lancé (car ses mains tremblaient), ne toucha personne, et vint s'arrêter sous les pieds du cheval
de Tristan. Elle grinça des dents.

Cependant, quoique le soleil ne fût pas encore le-

vé, il faisait grand jour ; une belle teinte rose égayait
les vieilles cheminées vermoulues de la Maison-
aux-Piliers. C'était l'heure où les fenêtres les
plus matinales de la grande ville s'ouvrent joyeusement sur les toits. Quelques manants, quelques fruitiers allant aux halles sur leur âne, commençaient à traverser la Grève ; ils s'arrêtaient
un moment devant ce groupe de soldats amon-
celés autour du Trou-aux-Rats, le considéraient
d'un air étonné, et passaient outre.

La recluse était allée s'asseoir près de sa fille,
la couvrant de son corps, devant elle, l'œil fixe,
écoutant la pauvre enfant qui ne bougeait pas,
et qui murmurait à voix basse pour toute parole :
Phœbus ! Phœbus ! A mesure que le travail des
démolisseurs semblait s'avancer, la mère se re-
culait machinalement, et serrait de plus en plus
la jeune fille contre le mur. Tout-à-coup la recluse vit la pierre (car elle faisait sentinelle, et
ne la quittait pas du regard) s'ébranler, et elle
entendit la voix de Tristan qui encourageait les
travailleurs. Alors elle sortit de l'affaissement où
elle était tombée depuis quelques instants, et s'é-

cria, et tandis qu'elle parlait, sa voix tantôt déchirait l'oreille comme une scie, tantôt balbutiait comme si toutes les malédictions se fussent pressées sur ses lèvres pour éclater à la fois. — Ho! ho! ho! Mais c'est horrible! Vous êtes des brigands! Est-ce que vous allez vraiment me prendre ma fille? Je vous dis que c'est ma fille! Oh! les lâches! Oh! les laquais bourreaux! les misérables goujats assassins! Au secours! au secours! au feu! Mais est-ce qu'ils me prendront mon enfant comme cela? Qui est-ce donc qu'on appelle le bon Dieu?

Alors s'adressant à Tristan, écumante, l'œil hagard, à quatre pattes comme une panthère, et toute hérissée :

— Approche un peu me prendre ma fille! Est-ce que tu ne comprends pas que cette femme te dit que c'est sa fille? Sais-tu ce que c'est qu'un enfant qu'on a? Hé! loup-cervier, n'as-tu jamais gîté avec ta louve? n'en as-tu jamais eu un louveteau? et si tu as des petits, quand ils hurlent, est-ce que tu n'as rien dans le ventre que cela remue?

— Mettez bas la pierre, dit Tristan; elle ne tient plus.

Les léviers soulevèrent la lourde assise. C'était, nous l'avons dit, le dernier rempart de la mère. Elle se jeta dessus; elle voulut la retenir; elle égratigna la pierre avec ses ongles, mais le bloc massif, mis en mouvement par six hommes, lui échappa, et glissa doucement jusqu'à terre le long des léviers de fer.

La mère, voyant l'entrée faite, tomba devant l'ouverture en travers, barricadant la brèche avec son corps, tordant ses bras, heurtant la dalle de sa tête, et criant d'une voix enrouée de fatigue qu'on entendait à peine : — Au secours ! au feu ! au feu !

— Maintenant prenez la fille, dit Tristan toujours impassible.

La mère regarda les soldats d'une manière si formidable qu'ils avaient plus envie de reculer que d'avancer.

— Allons donc, reprit le prevôt. Henriet Cousin, toi !

Personne ne fit un pas.

Le prevôt jura : — Tête-Christ! mes gens de guerre! peur d'une femme !

— Monseigneur, dit Henriet, vous appelez cela une femme ?

— Elle a une crinière de lion ! dit un autre.

— Allons ! repartit le prevôt, la baie est assez large. Entrez-y trois de front, comme à la brèche de Pontoise. Finissons, mort-Mahom ! Le premier qui recule, j'en fais deux morceaux !

Placés entre le prevôt et la mère, tous deux menaçants, les soldats hésitèrent un moment, puis, prenant leur parti, s'avancèrent vers le Trou-aux-Rats.

Quand la recluse vit cela, elle se dressa brusquement sur les genoux , écarta ses cheveux de son visage, puis laissa retomber ses mains maigres et écorchées sur ses cuisses. Alors de grosses larmes sortirent une à une de ses yeux ; elles descendaient par une ride le long de ses joues, comme un torrent par le lit qu'il s'est creusé. En même temps elle se mit à parler, mais d'une voix si suppliante, si douce, si soumise et si poignante, qu'à l'entour de Tristan plus d'un

vieil argousin qui aurait mangé de la chair humaine s'essuyait les yeux.

— Messeigneurs ! messieurs les sergents, un
mot ! C'est une chose qu'il faut que je vous dise !
C'est ma fille, voyez-vous ? ma chère petite fille
que j'avais perdue ! Écoutez. C'est une histoire.
Figurez-vous que je connais très-bien messieurs
les sergents. Ils ont toujours été bons pour moi
dans le temps que les petits garçons me jetaient
des pierres, parce que je faisais la vie d'amour.
Voyez-vous ? vous me laisserez mon enfant, quand
vous saurez ! Je suis une pauvre fille de joie. Ce
sont les bohémiennes qui me l'ont volée. Même
que j'ai gardé son soulier quinze ans. Tenez, le
voilà. Elle avait ce pied-là. A Reims ! la Chante-
fleurie ! rue Folle-Peine ! Vous avez connu cela
peut-être. C'était moi. Dans votre jeunesse,
alors, c'était un beau temps, on passait de bons
quarts d'heure. Vous aurez pitié de moi, n'est-
ce pas, messeigneurs ? Les égyptiennes me l'ont
volée ; elles me l'ont cachée quinze ans. Je la
croyais morte. Figurez-vous, mes bons amis, que
je la croyais morte. J'ai passé quinze ans ici, dans

cette cave, sans feu l'hiver. C'est dur, cela. Le
pauvre cher petit soulier! J'ai tant crié que le
bon Dieu m'a entendue. Cette nuit, il m'a rendu
ma fille. C'est un miracle du bon Dieu. Elle n'é-
tait pas morte. Vous ne me la prendrez pas, j'en
suis sûre. Encore si c'était moi, je ne dirais pas,
mais elle, une enfant de seize ans! Laissez-lui le
temps de voir le soleil! — Qu'est-ce qu'elle vous
a fait? rien du tout. Moi non plus. Si vous saviez
que je n'ai qu'elle, que je suis vieille, que c'est
une bénédiction que la sainte Vierge m'envoie.
Et puis, vous êtes si bons tous! Vous ne saviez
pas que c'était ma fille; à présent vous le savez. Oh! je l'aime! Monsieur le grand-prevôt,
j'aimerais mieux un trou à mes entrailles qu'une
égratignure à son doigt! C'est vous qui avez l'air
d'un bon seigneur! Ce que je vous dis là vous
explique la chose, n'est-il pas vrai? Oh! si vous
avez eu une mère, monseigneur! vous êtes le capitaine, laissez-moi mon enfant! Considérez que
je vous prie à genoux, comme on prie un Jésus-
Christ! Je ne demande rien à personne; je suis
de Reims, messeigneurs; j'ai un petit champ de

mon oncle Mahiet Pradon. Je ne suis pas une mendiante. Je ne veux rien, mais je veux mon enfant! Oh! je veux garder mon enfant! Le bon Dieu, qui est le maître, ne me l'a pas rendue pour rien! Le roi! vous dites le roi! Cela ne lui fera déjà pas beaucoup de plaisir qu'on tue ma petite fille! Et puis le roi est bon! C'est ma fille! c'est ma fille, à moi! Elle n'est pas au roi! elle n'est pas à vous! Je veux m'en aller! nous voulons nous en aller! enfin, deux femmes qui passent, dont l'une est la mère et l'autre la fille, on les laisse passer! Laissez-nous passer! nous sommes de Reims. Oh! vous êtes bien bons! messieurs les sergents; je vous aime tous. Vous ne me prendrez pas ma chère petite, c'est impossible! N'est-ce pas, que c'est tout-à-fait impossible? Mon enfant! mon enfant!

Nous n'essaierons pas de donner une idée de son geste, de son accent, des larmes qu'elle buvait en parlant, des mains qu'elle joignait et puis tordait, des sourires navrants, des regards noyés, des gémissements, des soupirs, des cris misérables et saisissants qu'elle mêlait à ses paroles désordonnées, folles et décousues. Quand elle se tut, Tristan-l'Hermite fronça le sourcil, mais c'était pour cacher une larme qui roulait dans son œil de tigre. Il surmonta pourtant cette faiblesse, et dit d'un ton bref : — Le roi le veut.

Puis, il se pencha à l'oreille d'Henriet Cousin, et lui dit tout bas : — Finis vite ! Le redoutable prevôt sentait peut-être le cœur lui manquer, à lui aussi.

Le bourreau et les sergents entrèrent dans la logette. La mère ne fit aucune résistance, seulement elle se traîna vers sa fille et se jeta à corps perdu sur elle. L'égyptienne vit les soldats s'approcher. L'horreur de la mort la ranima : — Ma mère ! cria-t-elle avec un inexprimable accent de détresse, ma mère ! ils viennent ! défendez-moi ! — Oui, mon amour, je te défends ! répondit la mère d'une voix éteinte, et, la serrant étroitement dans ses bras, elle la couvrit de baisers. Toutes deux ainsi à terre, la mère sur la fille, faisaient un spectacle digne de pitié.

Henriet Cousin prit la jeune fille par le milieu du corps sous ses belles épaules. Quand elle sentit cette main, elle fit : Heuh ! et s'évanouit. Le bourreau, qui laissait tomber goutte à goutte de grosses larmes sur elle, voulut l'enlever dans ses bras. Il essaya de détacher la mère, qui avait pour ainsi dire noué ses deux mains autour de la ceinture de sa fille, mais elle était si puissamment cramponnée à son enfant qu'il fut impossible de l'en séparer. Henriet Cousin alors traîna la jeune fille hors de la loge, et la mère après elle. La mère aussi tenait ses yeux fermés.

Le soleil se levait en ce moment, et il y avait déjà sur la place un assez bon amas de peuple qui regardait à distance ce qu'on traînait ainsi sur le pavé vers le gibet. Car c'était la mode du prevôt Tristan aux exécutions. Il avait la manie d'empêcher les curieux d'approcher.

Il n'y avait personne aux fenêtres. On voyait seulement de loin, au sommet de celle des tours de Notre-Dame qui domine la Grève, deux hommes détachés en noir sur le ciel clair du matin, qui semblaient regarder.

Henriet Cousin s'arrêta avec ce qu'il traînait au pied de la fatale échelle, et, respirant à peine, tant la chose l'apitoyait, il passa la corde autour

du cou adorable de la jeune fille. La malheureuse
enfant sentit l'horrible attouchement du chanvre.
Elle souleva ses paupières, et vit le bras décharné
du gibet de pierre, étendu au-dessus de sa tête.
Alors elle se secoua, et cria d'une voix haute et
déchirante : — Non! non! je ne veux pas! La
mère, dont la tête était enfouie et perdue sous
les vêtements de sa fille, ne dit pas une parole;
seulement on vit frémir tout son corps, et on
l'entendit redoubler ses baisers sur son enfant.
Le bourreau profita de ce moment pour dénouer
vivement les bras dont elle étreignait la condamnée. Soit épuisement, soit désespoir, elle le
laissa faire. Alors il prit la jeune fille sur son
épaule, d'où la charmante créature retombait
gracieusement pliée en deux sur sa large tête.
Puis il mit le pied sur l'échelle pour monter.

En ce moment la mère accroupie sur le pavé
ouvrit tout-à-fait les yeux. Sans jeter un cri, elle
se redressa avec une expression terrible; puis,
comme une bête sur sa proie, elle se jeta sur la
main du bourreau et le mordit. Ce fut un éclair.
Le bourreau hurla de douleur. On accourut. On

retira avec peine sa main sanglante d'entre les dents de la mère. Elle gardait un profond silence. On la repoussa assez brutalement, et l'on remarqua que sa tête retombait lourdement sur le pavé. On la releva, elle se laissa de nouveau retomber. C'est qu'elle était morte.

Le bourreau, qui n'avait pas lâché la jeune fille, se remit à monter à l'échelle.

II

LA CREATURA BELLA BIANCO VESTITA. —
DANTE.

Quand Quasimodo vit que la cellule était vide,
que l'égyptienne n'y était plus, que pendant qu'il
la défendait on l'avait enlevée, il prit ses cheveux
à deux mains et trépigna de surprise et de douleur, puis il se mit à courir par toute l'église,
cherchant sa bohémienne, hurlant des cris étran-

ges à tous les coins de mur, semant ses cheveux rouges sur le pavé. C'était précisément le moment où les archers du roi entraient victorieux dans Notre-Dame, cherchant aussi l'égyptienne. Quasimodo les y aida, sans se douter, le pauvre sourd, de leurs fatales intentions; il croyait que les ennemis de l'égyptienne, c'étaient les truands. Il mena lui-même Tristan-l'Hermite à toutes les cachettes possibles, lui ouvrit les portes secrètes, les doubles-fonds d'autels, les arrière-sacristies. Si la malheureuse y eût été encore, c'est lui qui l'eût livrée. Quand la lassitude de ne rien trouver eut rebuté Tristan qui ne se rebutait pas aisément, Quasimodo continua de chercher tout seul. Il fit vingt fois, cent fois le tour de l'église, de long en large, du haut en bas, montant, descendant, courant, appelant, criant, flairant, furetant, fouillant, fourrant sa tête dans tous les trous, poussant une torche sous toutes les voûtes, désespéré, fou. Un mâle qui a perdu sa femelle n'est pas plus rugissant ni plus hagard. Enfin quand il fut sûr, bien sûr qu'elle n'y était plus, que c'en était fait, qu'on la lui avait dé-

robée, il remonta lentement l'escalier des tours,
cet escalier qu'il avait escaladé avec tant d'emportement et de triomphe le jour où il l'avait
sauvée. Il repassa par les mêmes lieux, la tête
basse, sans voix, sans larmes, presque sans
souffle. L'église était déserte de nouveau, et re-
tombée dans son silence. Les archers l'avaient
quittée pour traquer la sorcière dans la Cité.
Quasimodo, resté seul dans cette vaste Notre-
Dame, si assiégée et si tumultueuse le moment
d'auparavant, reprit le chemin de la cellule où
l'égyptienne avait dormi tant de semaines sous sa
garde. En s'en approchant, il se figurait qu'il
allait peut-être l'y retrouver. Quand, au détour
de la galerie qui donne sur le toit des bas côtés,
il aperçut l'étroite logette avec sa petite fenêtre
et sa petite porte, tapie sous un grand arc-bou-
tant comme un nid d'oiseau sous une branche,
le cœur lui manqua, au pauvre homme, et il
s'appuya contre un pilier pour ne pas tomber. Il
s'imagina qu'elle y était peut-être rentrée, qu'un
bon génie l'y avait sans doute ramenée, que cette
logette était trop tranquille, trop sûre et trop

charmante pour qu'elle n'y fût point, et il n'o-
sait faire un pas de plus, de peur de briser son
illusion. — Oui, se disait-il en lui-même, elle
dort peut-être, ou elle prie. Ne la troublons pas.
— Enfin il rassembla son courage, il avança sur
la pointe des pieds, il regarda, il entra. Vide!
La cellule était toujours vide. Le malheureux
sourd en fit le tour à pas lents, souleva le lit et
regarda dessous, comme si elle pouvait être cachée entre la dalle et le matelas, puis il secoua
la tête et demeura stupide. Tout-à-coup, il écrasa
furieusement sa torche du pied, et, sans dire
une parole, sans pousser un soupir, il se précipita de toute sa course la tête contre le mur et
tomba évanoui sur le pavé.

Quand il revint à lui, il se jeta sur le lit, il s'y
roula, il baisa avec frénésie la place tiède encore
où la jeune fille avait dormi, il y resta quelques
minutes immobile comme s'il allait y expirer;
puis il se releva, ruisselant de sueur, haletant,
insensé, et se mit à cogner les murailles de sa
tête avec l'effrayante régularité du battant de ses
cloches, et la résolution d'un homme qui veut l'y

briser. Enfin il tomba une seconde fois, épuisé ;
il se traîna sur les genoux hors de la cellule et
s'accroupit en face de la porte, dans une attitude
d'étonnement. Il resta ainsi plus d'une heure sans
faire un mouvement, l'œil fixé sur la cellule déserte, plus sombre et plus pensif qu'une mère
assise entre un berceau vide et un cercueil plein.
Il ne prononçait pas un mot ; seulement, à de
longs intervalles, un sanglot remuait violemment
tout son corps, mais un sanglot sans larmes,
comme ces éclairs d'été qui ne font pas de
bruit.

Il paraît que ce fut alors que, cherchant au
fond de sa rêverie désolée quel pouvait être le
ravisseur inattendu de l'égyptienne, il songea à
l'archidiacre. Il se souvint que Dom Claude avait
seul une clef de l'escalier qui menait à la cellule ;
il se rappela ses tentatives nocturnes sur la jeune
fille, la première à laquelle lui Quasimodo avait
aidé, la seconde qu'il avait empêchée. Il se rappela mille détails, et ne douta bientôt plus que
l'archidiacre ne lui eût pris l'égyptienne. Cependant tel était son respect du prêtre, la recon-

naissance , le dévouement , l'amour pour cet homme avaient de si profondes racines dans son cœur qu'elles résistaient , même en ce moment , aux ongles de la jalousie et du désespoir.

Il songeait que l'archidiacre avait fait cela , et la colère de sang et de mort qu'il en eût ressentie contre tout autre , du moment où il s'agissait de Claude Frollo , se tournait chez le pauvre sourd en accroissement de douleur.

Au moment où sa pensée se fixait ainsi sur le prêtre , comme l'aube blanchissait les arcs-boutants , il vit à l'étage supérieur de Notre-Dame , au coude que fait la balustrade extérieure qui tourne autour de l'apside , une figure qui marchait. Cette figure venait de son côté. Il la reconnut. C'était l'archidiacre. Claude allait d'un pas grave et lent. Il ne regardait pas devant lui en marchant, il se dirigeait vers la tour septentrionale , mais son visage était tourné de côté , vers la rive droite de la Seine , et il tenait la tête haute , comme s'il eût tâché de voir quelque chose par-dessus les toits. Le hibou a souvent cette attitude oblique. Il vole vers un point et en

regarde un autre. — Le prêtre passa ainsi au-
dessus de Quasimodo sans le voir.

Le sourd, que cette brusque apparition avait
pétrifié, le vit s'enfoncer sous la porte de l'escalier de la tour septentrionale. Le lecteur sait que
cette tour est celle d'où l'on voit l'Hôtel-de-Ville.
Quasimodo se leva et suivit l'archidiacre.

Quasimodo monta l'escalier de la tour pour le
monter, pour savoir pourquoi le prêtre montait.
Du reste, le pauvre sonneur ne savait ce qu'il
ferait, lui Quasimodo, ce qu'il dirait, ce qu'il
voulait. Il était plein de fureur et plein de crainte.
L'archidiacre et l'égyptienne se heurtaient dans
son cœur.

Quand il fut parvenu au sommet de la tour,
avant de sortir de l'ombre de l'escalier et d'entrer
sur la plate-forme, il examina avec précaution
où était le prêtre. Le prêtre lui tournait le dos.
Il y a une balustrade percée à jour qui entoure
la plate-forme du clocher. Le prêtre, dont les
yeux plongeaient sur la ville, avait la poitrine appuyée à celui des quatre côtés de la balustrade
qui regarde le pont Notre-Dame.

Quasimodo, s'avançant à pas de loup derrière lui, alla voir ce qu'il regardait ainsi. L'attention du prêtre était tellement absorbée ailleurs qu'il n'entendit point le sourd marcher près de lui.

C'est un magnifique et charmant spectacle que Paris, et le Paris d'alors surtout, vu du haut des tours de Notre-Dame aux fraîches lueurs d'une aube d'été. On pouvait être, ce jour-là, en juillet. Le ciel était parfaitement serein. Quelques étoiles attardées s'y éteignaient sur divers points, et il y en avait une très-brillante au levant dans le plus clair du ciel. Le soleil était au moment de paraître. Paris commençait à remuer. Une lumière très-blanche et très-pure faisait saillir vivement à l'œil tous les plans que ses mille maisons présentent à l'orient. L'ombre géante des clochers allait de toits en toits d'un bout de la grande ville à l'autre. Il y avait déjà des quartiers qui parlaient et qui faisaient du bruit. Ici un coup de cloche, là un coup de marteau, là-bas le cliquetis compliqué d'une charrette en marche. Déjà quelques fumées se dégorgeaient

çà et là sur toute cette surface de toits comme
par les fissures d'une immense solfatare. La rivière, qui fronce son eau aux arches de tant de
ponts, à la pointe de tant d'îles, était moirée de
plis d'argent. Autour de la ville, au dehors des
remparts, la vue se perdait dans un grand cercle
de vapeurs floconneuses à travers lesquelles on
distinguait confusément la ligne indéfinie des
plaines, et le gracieux renflement des coteaux.
Toutes sortes de rumeurs flottantes se disper-
saient sur cette cité à demi réveillée. Vers l'o-
rient le vent du matin chassait à travers le ciel
quelques blanches ouates arrachées à la toison
de brume des collines.

Dans le Parvis, quelques bonnes femmes, qui
avaient en main leur pot au lait, se montraient
avec étonnement le délabrement singulier de la
grande porte de Notre-Dame, et deux ruisseaux
de plomb figés entre les fentes des grès. C'était
tout ce qui restait du tumulte de la nuit. Le bûcher allumé par Quasimodo, entre les tours, s'é-
tait éteint. Tristan avait déjà déblayé la place et
fait jeter les morts à la Seine. Les rois comme

Louis XI ont soin de laver vite le pavé après un massacre.

En dehors de la balustrade de la tour, précisément au-dessous du point où s'était arrêté le prêtre, il y avait une de ces gouttières de pierre fantastiquement taillées qui hérissent les édifices gothiques; et, dans une crevasse de cette gouttière, deux jolies giroflées en fleur, secouées et rendues comme vivantes par le souffle de l'air, se faisaient des salutations folâtres. Au-dessus des tours, en haut, bien loin au fond du ciel, on entendait de petits cris d'oiseaux.

Mais le prêtre n'écoutait, ne regardait rien de tout cela. Il était de ces hommes pour lesquels il n'y a pas de matins, pas d'oiseaux, pas de fleurs. Dans cet immense horizon qui prenait tant d'aspects autour de lui, sa contemplation était concentrée sur un point unique.

Quasimodo brûlait de lui demander ce qu'il avait fait de l'égyptienne ; mais l'archidiacre semblait en ce moment être hors du monde. Il était visiblement dans une de ces minutes violentes de la vie où l'on ne sentirait pas la terre crouler.

Les yeux invariablement fixés sur un certain lieu, il demeurait immobile et silencieux ; et ce silence et cette immobilité avaient quelque chose de si redoutable que le sauvage sonneur frémissait devant et n'osait s'y heurter. Seulement, et c'était encore une manière d'interroger l'archidiacre, il suivit la direction de son rayon visuel, et de cette façon le regard du malheureux sourd tomba sur la place de Grève.

Il vit ainsi ce que le prêtre regardait. L'échelle était dressée près du gibet permanent. Il y avait quelque peuple dans la place et beaucoup de soldats. Un homme traînait sur le pavé une chose blanche à laquelle une chose noire était accrochée. Cet homme s'arrêta au pied du gibet. Ici il se passa quelque chose que Quasimodo ne vit pas bien. Ce n'est pas que son œil unique n'eût conservé sa longue portée, mais il y avait un gros de soldats qui empêchait de distinguer tout. D'ailleurs, en cet instant le soleil parut, et un tel flot de lumière déborda par-dessus l'horizon qu'on eût dit que toutes les pointes de Paris, flèches, cheminées, pignons, prenaient feu à la fois.

Cependant l'homme se mit à monter l'échelle. Alors Quasimodo le revit distinctement. Il portait une femme sur son épaule, une jeune fille vêtue de blanc ; cette jeune fille avait un nœud au cou. Quasimodo la reconnut. C'était elle.

L'homme parvint ainsi au haut de l'échelle. Là il arrangea le nœud. Ici le prêtre, pour mieux voir, se mit à genoux sur la balustrade.

Tout-à-coup l'homme repoussa brusquement l'échelle du talon, et Quasimodo, qui ne respirait plus depuis quelques instants, vit se balancer au bout de la corde, à deux toises au-dessus du pavé, la malheureuse enfant avec l'homme accroupi les pieds sur ses épaules. La corde fit plusieurs tours sur elle-même, et Quasimodo vit courir d'horribles convulsions le long du corps de l'égyptienne. Le prêtre de son côté, le cou tendu, l'œil hors de la tête, contemplait ce groupe épouvantable de l'homme et de la jeune fille, de l'araignée et de la mouche.

Au moment où c'était le plus effroyable, un rire de démon, un rire qu'on ne peut avoir que lorsqu'on n'est plus homme, éclata sur le visage livide du prêtre. Quasimodo n'entendit pas ce rire, mais il le vit. Le sonneur recula de quelques pas derrière l'archidiacre, et tout-à-coup se ruant sur lui avec fureur, de ses deux grosses mains il le poussa par le dos dans l'abîme sur lequel dom Claude était penché.

Le prêtre cria : — Damnation ! et tomba.

La gouttière au-dessus de laquelle il se trouvait l'arrêta dans sa chute. Il s'y accrocha avec des mains désespérées, et au moment où il ouvrait la bouche pour jeter un second cri, il vit passer au rebord de la balustrade, au-dessus de sa tête, la figure formidable et vengeresse de Quasimodo. Alors il se tut.

L'abîme était au-dessous de lui. Une chute de plus de deux cents pieds, et le pavé. Dans cette situation terrible, l'archidiacre ne dit pas une parole, ne poussa pas un gémissement. Seulement, il se tordit sur la gouttière avec des efforts inouis pour remonter; mais ses mains n'avaient pas de prise sur le granit, ses pieds rayaient la muraille noircie, sans y mordre. Les personnes qui ont monté sur les tours de Notre-Dame savent qu'il y a un renflement de la pierre immédiatement au-dessous de la balustrade. C'est sur cet angle rentrant que s'épuisait le misérable archidiacre. Il n'avait pas affaire à un mur à pic, mais à un mur qui fuyait sous lui.

Quasimodo n'eût eu, pour le tirer du gouffre, qu'à lui tendre la main ; mais il ne le regardait seulement pas. Il regardait la Grève. Il regardait le gibet. Il regardait l'égyptienne. Le sourd s'était accoudé sur la balustrade à la place où était l'archidiacre le moment d'auparavant, et là, ne détachant pas son regard du seul objet qu'il y eût pour lui au monde en ce moment, il était immobile et muet comme un homme foudroyé, et un long ruisseau de pleurs coulait en silence de cet œil qui jusqu'alors n'avait encore versé qu'une seule larme.

Cependant l'archidiacre haletait. Son front chauve ruisselait de sueur, ses ongles saignaient sur la pierre, ses genoux s'écorchaient au mur. Il entendait sa soutane, accrochée à la gouttière, craquer et se découdre à chaque secousse qu'il lui donnait. Pour comble de malheur, cette

gouttière était terminée par un tuyau de plomb
qui fléchissait sous le poids de son corps. L'archidiacre sentait ce tuyau ployer lentement. Il
se disait, le misérable, que quand ses mains se-
raient brisées de fatigue, quand sa soutane serait
déchirée, quand ce plomb serait ployé, il faudrait tomber, et l'épouvante le prenait aux entrailles. Quelquefois il regardait avec égarement
une espèce d'étroit plateau formé, à quelque dix
pieds plus bas, par des accidents de sculpture,
et il demandait au ciel, dans le fond de son âme
en détresse, de pouvoir finir sa vie sur cet espace
de deux pieds carrés, dût-elle durer cent années.
Une fois, il regarda au-dessous de lui dans la
place, dans l'abîme; la tête qu'il releva fermait
les yeux et avait les cheveux tout droits.

C'était quelque chose d'effrayant que le silence de ces deux hommes. Tandis que l'archidiacre à quelques pieds de lui agonisait de cette
horrible façon, Quasimodo pleurait et regardait
la Grève.

L'archidiacre, voyant que tous ses soubresauts
ne servaient qu'à ébranler le fragile point d'ap-

pui qui lui restait, avait pris le parti de ne plus remuer. Il était là, embrassant la gouttière, respirant à peine, ne bougeant plus, n'ayant plus d'autres mouvements que cette convulsion machinale du ventre qu'on éprouve dans les rêves quand on croit se sentir tomber. Ses yeux fixes étaient ouverts d'une manière maladive et étonnée. Peu à peu cependant, il perdait du terrain, ses doigts glissaient sur la gouttière; il sentait de plus en plus la faiblesse de ses bras et la pesanteur de son corps. La courbure du plomb qui le soutenait s'inclinait à tout moment d'un cran vers l'abîme. Il voyait au-dessous de lui, chose affreuse, le toit de Saint-Jean-le-rond, petit comme une carte ployée en deux. Il regardait l'une après l'autre les impassibles sculptures de la tour, comme lui suspendues sur le précipice, mais sans terreur pour elles ni pitié pour lui. Tout était de pierre autour de lui : devant ses yeux, les monstres béants; au-dessous, tout au fond, dans la place, le pavé ; au-dessus de sa tête, Quasimodo qui pleurait.

Il y avait dans le Parvis quelques groupes de

braves curieux qui cherchaient tranquillement à deviner quel pouvait être le fou qui s'amusait d'une si étrange manière. Le prêtre leur entendait dire , car leur voix arrivait jusqu'à lui, claire et grêle : — Mais il va se rompre le cou !

Quasimodo pleurait.

Enfin l'archidiacre écumant de rage et d'épouvante comprit que tout était inutile. Il rassembla pourtant tout ce qui lui restait de force pour un dernier effort. Il se roidit sur la gouttière, repoussa le mur de ses deux genoux, s'accrocha des mains à une fente des pierres, et parvint à regrimper d'un pied peut-être; mais cette commotion fit ployer brusquement le bec de plomb sur lequel il s'appuyait. Du même coup, la soutane s'éventra. Alors sentant tout manquer sous lui, n'ayant plus que ses mains roidies et défaillantes qui tenaient à quelque chose , l'infortuné ferma les yeux et lâcha la gouttière. Il tomba.

Quasimodo le regarda tomber.

Une chute de si haut est rarement perpendiculaire. L'archidiacre, lancé dans l'espace, tomba d'abord la tête en bas et les deux mains étendues; puis il fit plusieurs tours sur lui-même; le vent le poussa sur le toit d'une maison où le malheureux commença à se briser. Cependant il n'était pas mort quand il y arriva. Le sonneur le vit essayer encore de se retenir au pignon avec les ongles; mais le plan était trop incliné, et il n'avait plus de force. Il glissa rapidement sur le toit comme une tuile qui se détache, et alla rebondir sur le pavé. Là, il ne remua plus.

Quasimodo alors releva son œil sur l'égyptienne dont il voyait le corps, suspendu au gibet, frémir au loin sous sa robe blanche des derniers tressaillements de l'agonie, puis il le rabaissa sur l'archidiacre, étendu au bas de la tour, et n'ayant plus forme humaine, et il dit avec un sanglot qui souleva sa profonde poitrine : — Oh! tout ce que j'ai aimé!

III

MARIAGE DE PHOEBUS.

—

Vers le soir de cette journée, quand les officiers judiciaires de l'évêque vinrent relever sur le pavé du Parvis le cadavre disloqué de l'archidiacre, Quasimodo avait disparu de Notre-Dame.

Il courut beaucoup de bruits sur cette aventure. On ne douta pas que le jour ne fût venu où, d'après leur pacte, Quasimodo, c'est-à-dire le diable, devait emporter Claude Frollo, c'est-à-dire le sorcier. On présuma qu'il avait brisé le corps en prenant l'âme comme les singes qui cassent la coquille pour manger la noix.

C'est pourquoi l'archidiacre ne fut pas inhumé en terre sainte.

Louis XI mourut l'année d'après, au mois d'août 1483.

Quant à Pierre Gringoire, il parvint à sauver la chèvre, et il obtint des succès en tragédie. Il paraît qu'après avoir goûté de l'astrologie, de la philosophie, de l'architecture, de l'hermétique, de toutes les folies, il en revint à la tragédie, qui est la plus folle de toutes. C'est ce qu'il appelait *avoir fait une fin tragique.* Voici, au sujet de ses triomphes dramatiques, ce qu'on lit dès 1483 dans les comptes de l'Ordinaire :

« A Jehan Marchand et Pierre Gringoire, char-
» pentier et compositeur, qui ont fait et composé
» le mystère fait au Châtelet de Paris à l'entrée
» de monsieur le légat, ordonné des personnages,

» iceux revêtus et habillés ainsi que audit mys-
» tère était requis; et pareillement, d'avoir fait
» les échafauds qui étaient à ce nécessaires; et
» pour ce faire, cent livres. »

Phœbus de Châteaupers aussi fit une fin tragique, il se maria.

IV

MARIAGE DE QUASIMODO.

Nous venons de dire que Quasimodo avait disparu de Notre-Dame le jour de la mort de l'égyptienne et de l'archidiacre. On ne le revit plus en effet ; on ne sut ce qu'il était devenu.

Dans la nuit qui suivit le supplice de la Esmeralda, les gens des basses-œuvres avaient détaché

son corps du gibet et l'avaient porté, selon l'u-
sage, dans la cave de Montfaucon.

Montfaucon était, comme dit Sauval, « le plus
» ancien et le plus superbe gibet du royaume. »
Entre les faubourgs du Temple et de Saint-Mar-
tin, à environ cent soixante toises des murailles
de Paris, à quelques portées d'arbalète de la
Courtille, on voyait au sommet d'une éminence
douce, insensible, assez élevée pour être aperçue
de quelques lieues à la ronde, un édifice de
forme étrange, qui ressemblait assez à un crom-
lech celtique, et où il se faisait aussi des sacrifices
humains.

Qu'on se figure, au couronnement d'une
butte de plâtre, un gros parallélipipède de maçonnerie, haut de quinze pieds, large de trente,
long de quarante, avec une porte, une rampe
extérieure et une plate-forme; sur cette plate-
forme seize énormes piliers de pierre brute, debout, hauts de trente pieds, disposés en colon-
nade autour de trois des quatre côtés du massif
qui les supporte, liés entre eux à leur sommet
par de fortes poutres où pendent des chaînes d'in-

tervalle en intervalle; à toutes ces chaînes des squelettes; aux alentours dans la plaine, une croix de pierre et deux gibets de second ordre qui semblent pousser de bouture autour de la fourche centrale; au-dessus de tout cela, dans le ciel, un vol perpétuel de corbeaux; voilà Mont-faucon.

A la fin du quinzième siècle, le formidable gibet, qui datait de 1328, était déjà fort décrépit; les poutres étaient vermoulues, les chaînes rouil-lées, les piliers verts de moisissure; les assises de pierre de taille étaient toutes refendues à leur jointure, et l'herbe poussait sur cette plate-forme où les pieds ne touchaient pas. C'était un horrible profil sur le ciel que celui de ce monument; la nuit surtout, quand il y avait un peu de lune sur ces crânes blancs, ou quand la bise du soir frois-sait chaînes et squelettes, et remuait tout cela dans l'ombre. Il suffisait de ce gibet présent là pour faire de tous les environs des lieux sinistres.

Le massif de pierre qui servait de base à l'o-dieux édifice était creux. On y avait pratiqué une vaste cave, fermée d'une vieille grille de fer détraquée, où l'on jetait non-seulement les débris humains qui se détachaient des chaînes de Montfaucon, mais les corps de tous les malheureux exécutés aux autres gibets permanents de Paris. Dans ce profond charnier où tant de poussières humaines et tant de crimes ont pourri ensemble, bien des grands du monde, bien des innocents sont venus successivement apporter leurs os, depuis Enguerrand de Marigni, qui étrenna Montfaucon et qui était un juste, jusqu'à l'amiral de Coligni, qui en fit la clôture et qui était un juste.

Quant à la mystérieuse disparition de Quasimodo, voici tout ce que nous avons pu découvrir.

Deux ans environ ou dix-huit mois après les événements qui terminent cette histoire, quand on vint rechercher dans la cave de Montfaucon le cadavre d'Olivier-le-Daim qui avait été pendu deux jours auparavant, et à qui Charles VIII accordait la grâce d'être enterré à Saint-Laurent en meilleure compagnie, on trouva parmi toutes ces carcasses hideuses deux squelettes dont l'un

tenait l'autre singulièrement embrassé. L'un de
ces deux squelettes, qui était celui d'une femme,
avait encore quelques lambeaux de robe d'une
étoffe qui avait été blanche, et l'on voyait autour
de son cou un collier de grains d'adrézarach
avec un petit sachet de soie, orné de verroterie
verte, qui était ouvert et vide. Ces objets avaient
si peu de valeur que le bourreau sans doute n'en
avait pas voulu. L'autre, qui tenait celui-ci
étroitement embrassé, était un squelette d'homme.
On remarqua qu'il avait la colonne vertébrale
déviée, la tête dans les omoplates, et une jambe
plus courte que l'autre. Il n'avait d'ailleurs aucune rupture de vertèbres à la nuque, et il était
évident qu'il n'avait pas été pendu. L'homme
auquel il avait appartenu était donc venu là, et
il y était mort. Quand on voulut le détacher du
squelette qu'il embrassait, il tomba en pous-
sière.

FIN DU TOME TROISIÈME.

TABLE

DU TROISIÈME VOLUME.

—

LIVRE IX.

LIVRE X.

LIVRE XI.

FIN DE LA TABLE DU TROISIÈME VOLUME.